COMMUNICATION

魔鬼沟通学

阮琦 著

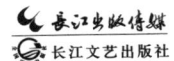
长江文艺出版社

图书在版编目（CIP）数据

魔鬼沟通学 / 阮琦著. --武汉：长江文艺出版社,
2023.3
　　ISBN 978-7-5702-2803-4

　　Ⅰ. ①魔… Ⅱ. ①阮… Ⅲ. ①心理交往－通俗读物
Ⅳ. ①C912.11-49

中国版本图书馆 CIP 数据核字(2022)第 123050 号

魔鬼沟通学
MOGUI GOUTONGXUE

责任编辑：梅若冰	责任校对：毛季慧
封面设计：璞茜设计	责任印制：邱 莉 杨 帆

出版： 长江出版传媒　　长江文艺出版社
地址： 武汉市雄楚大街 268 号　　邮编：430070
发行： 长江文艺出版社
http://www.cjlap.com
印刷： 武汉市首壹印务有限公司

开本：640 毫米×970 毫米　　1/16	印张：14.25　　插页：2 页
版次：2023 年 3 月第 1 版	2023 年 3 月第 1 次印刷
字数：160 千字	

定价：36.00 元

版权所有，盗版必究（举报电话：027—87679308　　87679310）
（图书出现印装问题，本社负责调换）

Contents 目录

沟通与沟通学 / 001

1 做好你自己

核心自信，是一切问题的终极答案 / 003

从最胆小到最勇敢 / 007

快乐的人更容易相处 / 011

别把品质当成魅力 / 016

2 精湛你的表达

表达能力的四个层级 / 021

准确表达：被拒绝后见面尴尬怎么办 / 027

感受表达：如何应对欲言又止的人 / 031

表达的分寸：掌握赞美的法则 / 035

有效沟通：如何把担心尴尬的女孩约出来 / 038

良性沟通的常规步骤 / 042

3 构建平等和信任

信任感是沟通的基础：被问收入怎么办？ / 053

保持平等：不要过分巴结奉承 / 057

重建平等：怎样才能不被牵着鼻子走 / 063

对话气场：当喜欢的女孩说"给你介绍个女朋友吧" / 066

在细节中体现真诚 / 069

没有平等和信任的奇葩约会 / 072

4 走出破冰第一步：积极主动，真诚友好

真诚比神秘感更有效 / 081

交流三层次：如何跟点头之交的朋友熟起来？ / 084

如何快速打开话题 / 089

总是找不到话题怎么办 / 095

为什么你被她拉黑 / 101

对你友好不一定是对你有意思 / 106

直男聊天解析 / 109

5 在沟通中体现高情商

拆解动机：当女孩说"做我哥哥吧" / 119

下切谈话：他说的话我不感兴趣怎么办 / 124

判断捆绑："你学心理学的啊，那知道我在想什么吗？" / 128

遇到聊不来的人怎么办 / 133

如何跨越友谊区 / 138

低情商的教训 / 142

6 正确应对冲突

镜像原则：如何拒绝不懂分寸的人 / 151

转换思维：如何挽留想要离开你的人 / 156

如何挽回出现危机的感情 / 159

这么久不联系，万一她被别人追走怎么办 / 175

"套路"与"反套路" / 179

7 如何不被别人操控

控制成本：你会在恋爱中止损吗 / 187

独立人格：遇到矫情的人怎么办 / 195

交往质量：别人把我当成"工具人"怎么办 / 199

破解情感操控术的关键 / 202

用心理战对付死缠烂打的男人 / 217

沟通与沟通学

世界上有两种不成熟的人。一种人从不在乎被拒绝后跟别人的关系，通俗点说就是不怕翻脸，这种人倒是非常有勇气，但很容易就把周围人都得罪光。还有一种人则非常恐惧被拒绝的后果，所以干脆从不提出要求，这种人的苦恼是他自己都觉得自己没有存在的意义。

而成熟的人会在表达自己的要求和跟他人保持良好的关系之间寻求平衡，他们不会因为害怕伤害关系而不敢提出要求，也不会因为只顾自己的要求而随意破坏关系。

在这种为人处世的准则指引下，沟通的意义就体现出来了。

也许大家会有这样的印象，很多成功人士在谈及自己的成功经验时都爱说一句话——先学做人再学做事。

在我年少轻狂的时候，对这样的话特别反感，那时的我觉得，所谓学做人就是迎合别人压抑自我，就是变得虚伪，就是只考虑"我在别人面前的形象"。

但是后来我明白了，维护"我在别人面前的形象"是我对"做人"的一个误解。

所谓人，就是一切社会关系的总和，"我跟别人的关系"才是做人的本意。

而真正的沟通，就是让你在保持真实自我的前提下与他人保持良好关系的方法论。"我在别人面前的形象"从来不应是做事的目的，而是我们"以真实自我为前提去维护好与别人的关系"的结果。

明白了这一点之后，我突然觉得沟通反而成了对那些不愿压抑自我的人特别有用的一门学问。

从这个角度我们也可以把沟通理解为：帮你做人的学问——做一个真实的人，同时又能跟周围人建立良好关系的学问。

明白了沟通再说沟通学：如果说沟通是指导我们做人的价值观，沟通学就是指导我们做事的方法论；沟通强调的是"道"，沟通学强调的则是"术"；沟通关注的是把"人"（这里的人包括自己和他人）维护好，沟通学关注的则是"把事做成"。

术应该在道的框架之内，而不是平行的关系，至少这是魔鬼沟通学对"术"的理解。

沟通是以表达真实自我为原点找到不破坏关系的界线，而沟通学则是在这个界线内尽量把事情做成的方法和技巧。通过术把事情做成，但同时也不过河拆桥，甚至还能在把事情做成之后，让关系更上一层楼，这就是沟通与沟通术的区别与联系，也是《魔鬼沟通学》想要教给大家的东西。

1

做好你自己

核心自信，是一切问题的终极答案

工作需要自信、人际交往需要自信、恋爱需要自信、生活中许多事都需要自信，但这跟今天要说的核心自信有什么关系呢？

让我们从头讲起。

一个情窦初开的男孩，当他出于本能开始追女孩时，所想的一切归结到底都是要"改变对方的行为"。

通过自己的行为去影响另一个体的行为，这就迈出了人际交往的第一步，也是情商培养的开始。在这个过程中，人们总是期待用招数或者技巧来解决遇到的问题，可这些招数和技巧很初级也很幼稚。

但是，招数和技巧对他人的影响相当有限，等到经过一系列挫折打击之后，一部分人对男女关系的认识开启了世俗模式——有钱有颜值，其余都瞎掰；而另一部分人则开始运用社会心理学的方法来看待两性交往。

大家留心的话会发现，现在但凡懂点心理学的情感专家都喜欢用"关系"这个概念，我的约会学理论也不例外。当追女孩这件事从"改变对方行为"变成"处理彼此关系"时，大多数追求问题都可以转化为"从朋友关系升级为情侣关系",而问题的关键就是两件事——"处理好现有层级的关系"和"晋级到更高层级的关系"。

这种方法论在处理恋爱追求和分手挽回的问题上取得了很好的效果,其核心原则有三点:1. 真实自我; 2. 尊重对方; 3. 不犯错。

并且这些原则的落实不依赖任何刻意设计的场景,只需要通过日常生活的自然交往,留下能够欣赏你的人,过滤掉没有缘分的对象。

在进行恋爱指导或者情感咨询过程中,当求助者接纳了以上理念之后,他们中一部分人的问题就自然而然解决了,可是还有另一部分人暴露出一个新问题——由于不会沟通交流,因此尽管从道理上知道应该表现出真实自我以及尊重对方,但是只要一开口,这些人就在不断地犯错——表达不清自己的本意,而且还常常得罪人。

因此,在从事这份工作几年之后,我又陆续开设了口才课、微信课、表达课,开始教我的学员们沟通和交流。经过学习训练之后,一部分学员发生了惊人的改变。我用"惊人"这个词,是因为这种改变不同于学习约会或社交,只是改变了别人对你的行为反应,而是当事者自身行为模式发生的根本变化。简单说,就是有些学员的说话聊天完全像换了一个人,变得风趣幽默了,变得会拿捏适度了——总之变成了一个高情商的人。

但是还会有另外一部分改变不显著的学员,他们的问题又把我的关注引向了一个更深的人性角落,也就是本文所要讨论的**核心自信**。

比如我们口才课的训练,其中很重要的一项内容是通过语言表达感受释放情绪，为此我设计了各种方法甚至还有模板，有些后来收录在《魔鬼聊天术》那本书里，比如"行为聊法""魔趣聊法""状态+感受"等。

在训练中我发现学员分成了两类：一类是内心存在情绪感受，只是没有掌握正确的表达方式，这些学员经过训练之后问题就解决了；但还有一类学员的困境却是，他的内心体验不到任何情绪感受，常常都是一片空白。

深入观察发现，这种人（男性为主）在日常生活中很少有积极乐观的状态，遇到一丁点儿人际交往的挫折，还特别容易进入消极悲观的状态，并且他们的悲观又不同于普通女性的悲伤情绪——哭天抹泪或者找人倾诉。男性的悲观往往面无表情，他们只是把自己更加彻底地封闭起来——通过情感隔离来减轻压力。因此我们教授的那些关于沟通的方法都失去了作用——比如约会时要表达积极感受，但他们没有积极感受可以表达，勉强说出来的俏皮话拙劣得让人想吐；再比如被拒绝时应该豁达大度，可他们心里全是悲观失落，一开口就处处流露负面情绪，或者是攻击和对立进入另一极端，所以还不如什么都别说。

如果将这个现象用"巧妇难为无米之炊"来打比方，那就是我们提供了锅碗瓢盆，炉火灶台甚至开水，却找不到米，甚至倒进锅里的有时还是泥巴和沙子。

当我们的恋爱培训深入到这个地步时，我发现情感顾问、沟通专家这些角色都不能解决这些问题了，我们面对的是一个人内心世界的冲突，这也就是本文开始所说的核心自信的由来。

这里的核心自信不是你相信自己在别人面前有多厉害，对别人有多大的影响力，而是你对自己的接纳程度，你跟自我相处的

能力和水平。

这里再次出现了"关系"这个概念，但这次不是你跟别人的关系，而是你跟你自己的关系。

其中的异曲同工之处是：能处理好跟他人关系的重要前提是承认对他人的不可控，同理，能处理好跟自我关系的重要前提也是承认对自我的不可控。只有承认和接纳了不可控，才会懂得和谐相处，于人于己都是这样。

回头再看这一条完美线索——"想改变别人的行为"就要"处理好跟别人的关系"；"想处理好跟别人的关系"就要"改变自己的行为"；"想改变自己的行为"就要"处理好跟自己的关系"。

核心自信是一切问题的终极答案。一个人的核心自信等级越高，他的内心也会越强大，个人魅力也会越高，社交能力也会越强，而如果一个人的核心自信低于正常标准，那么就会陷入学习再多方法技巧却都无济于事的困境。

从最胆小到最勇敢

我的《魔鬼搭讪学》出版已有十年了，在这期间经常会有读者来信说：魔老师，喜欢你的书，赞同你的理念，在生活中看到感兴趣的人也特别想去认识，但气人的是，无论如何就是迈不出第一步，有时候都走到姑娘面前，可就要开口的一瞬间却又怂了……我这是怎么回事？

其实不光是这些没见过面的读者，在我的学员中也有这种纠结的人。有的人参加培训后，可以连续几个月一次都不主动社交，只是每个周末来参加活动，默默看其他学员。我一度非常迷惑："你花这么多钱就是来观摩吗？"

但后来我找到办法了。

对于这样的学员，我在鼓励几次无效之后通常就不继续对他们提出要求了，我发现让他们在没有压力的状态下慢慢积累勇气似乎效果更好。事实上，在几个月之后，好几个这样的学员都发生了一种"顿悟"式的改变。某一天他们会在毫无征兆的状态下突然就迈出了第一步，并且往往一发不可收拾，从团体里最胆小的人变成了最勇敢的人。

这种戏剧般的前后对比不仅有趣，而且还具有心理学上的意义，下面我就试着来解释一下。

先说说为什么这些学员开始会"胆小"。

胆小跟自卑有关，特别胆小往往对应着深度自卑。但自卑并不一定就等于条件差，这些迈不出第一步的学员其实自身条件都还可以，经过深入交流之后，我发现他们有个共性——在早年的成长环境里遭遇过很多负面评价。

比如，父母经常在耳边唠叨："咱家穷，你别不懂事，别老想着跟其他孩子一样……"

请注意，导致自卑的关键其实不在他们家真有多"穷"，而是家里有个习惯把"咱们穷"挂在嘴边的家长，所以并不是所有普通家庭的孩子都会自卑。而这样的孩子长大之后，即使有了在外人眼里还不错的学历和工作，可内心深处还是藏着低人一等的感觉，尤其在遇到喜欢的女孩时，他们下意识就会冒出"我配不上她"的念头。

这种自卑会出现在任何社交活动中，但主动社交导致的压力肯定是最大的，因为它能遇到最让自己心动的对象，而陌生的环境又最缺少社会身份的保护，对方连你是谁都不知道，难免会用低人一等的眼光看待你，这又会促使你贬低自己，因此迈出第一步变得难上加难。而在公共场所走到陌生女孩面前开口说想认识她，简直就是向全世界暴露"原来你比别人差"。当自卑不能解决的时候，最省事的处理方式是把它隐藏起来，不去表达自己的需求。

所以，如果不真正解决自卑的心理障碍，社交对有些人来说就是一场噩梦。

再说为什么会从"最胆小"变成"最勇敢"？

因为这些学员开始真正面对自卑这件事了。

自卑是外界评价给我们留下的伤害，但追求美好却是每个人内心的渴望，能不能改变自己，关键看你的动力有多强。

回到日常生活中，我相信每个男人都会有这样的经验：看到一个令自己无比心动的陌生女子，脑海中瞬间念头闪过——要是认识她该多好！然而想要付诸行动，脑海中同样会出现失败的结局——上前说话然后被当作无聊男人惨遭拒绝！于是就给自己再找个放弃的理由：比如，我很忙，我不是大帅哥，我不适合聊天……多数男人就是这样自己骗自己的。

沟通有很多好处，比如扩大社交圈，认识很多自己喜欢的异性，帮助脱单……但我认为最重要的就是：**正视自己的欲望，承认自己的弱点，不自己欺骗自己。早些认清这点，会让你的人生受益无穷。**

这也是我敬佩那些迟迟迈不出第一步却坚持参加活动的学员的原因——虽然看起来很怂，但他们不会自己骗自己。

当一个人在正确的方向上去挑战自己的弱点时，就算进步非常缓慢，但所有的积累都是有意义的，所以一旦成功，改变往往也是彻底的。

一念之隔，未来的人生是积极还是消极，是争取还是放弃，大方向就改变了。

十多年前我在写《魔鬼搭讪学》的时候并没有关注到自卑这件事，因为我本人从来没有这个问题。我的文章主要是集中于探讨男女交往的理念以及表达自由自在的生活态度。但在后来的培训经历中，我发现大部分的学员其实都存在着自卑的问题，可以说这才是影响他们与异性交往的真正原因。

自卑对男性魅力的侵害贯穿着交往的始终，接触阶段的表现是"厌"，约会阶段的表现是"求"，相处阶段的表现是"管"，分手阶段的表现是"黏"。**不同程度的自卑会对恋爱产生不同程度的影响，所以从心态上自我提升才是获得完美关系的关键。**

快乐的人更容易相处

快乐是人类五种基本情绪中唯一的正面情绪,其他四种分别是悲伤、恐惧、厌恶、愤怒。五种基本情绪中有四种是负面,所以"生命皆苦"也不无道理。我们经常说"快乐就好",但快乐到底是什么,其实多数人并不清楚。

我在课上讲到如何交友时,总会强调首先要自己快乐起来,然后再去调动对方的情绪。你不可能自己心如止水,却靠背几条台词就让对方眉开眼笑。可是,当我让学员们回忆一下他们的生活中发生过的快乐事件时,多数人却都哑口无言:这些宅男讲不出有什么令他们快乐的事情。

也许是他们的生活中根本就没有快乐,也许是曾经发生过,只是他们想不起来了,但无论哪种情况都说明一点——在当今的生活中,快乐这种情绪越来越不容易被我们意识到。

原因在哪里呢?今天咱们就聊聊什么是快乐。

快乐属于情绪,幸福属于感受,成就属于欲望。
情绪是与我们的感觉最直接相连的心理体验,小孩子吃到糖就会快乐（味觉），大人们看到蓝天白云也会快乐（视觉）。感受是加入了认知的情绪，有些水果本身味道不错，吃到口中就会让人觉得快乐，但如果你认为吃了之后还有美颜塑身延年益寿的效果，可能吃下去的体验就更好了，你甚至会为了吃到这口水果通宵达旦去排队，这就是付出和牺牲，你所追求的也变成了比情绪更高级别的体验——感受。通常，人在进入社会之前最容易快乐，等到为人父母之时体验的多是幸福，而身为社会中坚分子成就感更高。

处于快乐情绪之中的人更容易与别人相处，就算在独处时也更愿意有所事事，而悲伤情绪则让人离群索居以及无所作为；快乐情绪促使人去合作与建设，而愤怒情绪则促使人去攻击与毁灭，所以快乐在价值观上一直被社会认可。其实负面情绪也有负面情绪的价值，比如悲伤可以让人更加细腻地关注自身体验，很多伟大的艺术作品都是在悲伤情绪下产生的，但悲伤永远不会成为主流，否则世界就无法运转了。

快乐体验必须经历过适当的期待之后才会出现，没有期待便没有快乐，期待太久也没有快乐。想要什么玩具就有什么玩具的童年不会快乐，因为不经期待直接得到满足，会模糊主体客体的区别，情绪体验的主体都没了，快乐就无从谈起。但想要一个玩具却需要等三年的童年也不会快乐，因为期待太久必定会导致过程中产生不快乐的体验，不快乐的体验有可能淹没快乐体验，除非你把快乐体验赋予更高意义，但这就不是单纯的快乐了。

获取快乐的过程中不能包含不快乐。而包含了不快乐的快乐体验变成另一个级别的体验——幸福。

就拿看异域风景这种体验来说，如果你是乘着头等舱飞过去，下了飞机之后入住豪华酒店，最后坐在私家阳台上喝着红酒看到了如画美景，整个过程没有任何旅途劳顿，那么这就是快乐。但如果你是风餐露宿历尽艰险，最后爬上了鲜有游人可以到达的险峰，终于目睹到绝世奇观，那么这就是幸福。同理，一见钟情的男女含情脉脉地对视是快乐，而辛苦了一天的父母看着孩子的笑脸体验到的是幸福。快乐是不需要付出就能得到的体验，而幸福不但要有付出，有时候还伴随着巨大的牺牲。至于大家经常提到的成就，往往也包含了付出和牺牲。但成就与幸福不同的是，幸福仅仅是主观体验，成就还包括了能够被社会认可的价值，比如完成一部作品，创立一种学说，打造一家公司，等等。

快乐体验的来源有三类：物质、人际关系以及见识（读万卷书或者行万里路）。来自物质的快乐在长大之后就会急剧降低，因为对于买得起的东西基本已经感到麻木，而买不起的东西一下子也不可能得到。而来自人际关系的快乐在中年之后也会降低，因为中年人很难再交到真正的朋友（不过带孙子似乎是个解决办法）。只有来自见识的快乐有可能伴随一生，前提是你在老去之前要培养出足够的修养。

随着年龄的增长，获得快乐体验的成本越来越高，这是大家快乐越来越少的原因之一。而在快乐越来越少的同时，幸福感和成就感却不是每个人都可以有的选项，这进一步造成了现代人的痛苦，生活似乎无所寄托。

智能手机的出现，让人们目前面临着一种危机，这是大家快乐越来越少的原因之二。就拿从见识中获得的快乐来说，本来，行万里路是快乐，但现在很多人沉湎于刷短视频看奇人趣事，觉得反正也挺快乐，那么这两种快乐有不同吗？

以下是本文重点——让我们站在心理学的高度，从情绪的角度去理解二者的区别。

快乐属于情绪，而情绪的价值有两点：

1. 引导我们更积极地行动。

旅行快乐引发的行动是开放性的，我们会更愿意早起，更愿意与人交谈，更愿意记录，更愿意吃喝，更愿意欢笑……而刷短视频的快乐引发的行为则是封闭式的——你除了继续刷下一条之外其他什么事都不想做，而"什么都不想做"跟悲伤情绪导致的结果又非常相似！这种开始是在体验快乐但结果却接近悲伤的复合情绪，在理论上被称为"空虚"，事实上多数人刷短视频之后的直觉感受恰恰就是空虚。推而言之，所有让人产生封闭式重复行为的快乐体验都会导致空虚的结果，比如打游戏。

2. 丰富我们的美好回忆。

年轻人要向前看，因此回首过去暂时并不重要，但实际上回忆是人具有存在感的前提，假设此刻你的记忆突然清零，那么你还能知道自己是谁吗？试想，当你坐在轮椅上回顾自己的一生之时，能够进入画面的应该是你得到过的开心礼物、相伴过的心动恋人、游历过的旖旎风光，你不会为自己刷过300多万条短视频，而觉得自己度过了美好的一生。从网络上获得的体验可以进入我们的大脑，但很难进入我们的回忆。

同理，人际关系中的快乐也在面临网络的异化。跟朋友聚会是一种快乐，发朋友圈得到评论点赞似乎也是一种快乐，但我们依然可以从"引导积极行动"和"丰富美好回忆"两个方面去比较真实社交与网络社交的区别。显然，跟朋友聚会引发的开放性行动太多了，这里就不再一一赘述；而发朋友圈得到点赞之后你会做什么呢？我想很多人心里都清楚——就是不停地刷新，看看有没有新的红点通知，直到感受到了阵阵空虚……至于"美好回忆"，我相信不会有人在老去之后会因为自己当年的朋友圈而觉得人间值得的。但是，为什么今天我们却要花那么多时间在网络上社交呢？

从网络上的获得的快乐体验可以进入我们的大脑，并且唾手可得非常方便，但很难进入我们的回忆，而现代人的快乐大多来自网络，这可能就是我让学员回忆快乐时他们说不出来的原因。再拿打游戏做个例子，曾经我也昏天黑地玩过游戏，但我现在能回忆起的是当年跟几个朋友去网吧，组队打了一个通宵，天亮了大家一起吃早点时为谁打得好、谁打得臭争得面红耳赤的欢乐场面——说到底还是真实人际关系的快乐。我很难回忆起打游戏本身的快乐。

作为一个正常的人，情绪、感受、欲望都应该具备，缺少其中任何一项都会造成生活的失调。设想两个极端情况：第一，你财务自由衣食无忧了，环球旅行高朋满座，可以轻轻松松获得真实的物质、见识、人际关系的快乐，但是长此以往你可能会觉得生活缺少意义。第二，你是一个全情投入的创业者，为了成就远大理想放弃生活中的一切快乐，但是日复一日你也可能觉得内心发生扭曲……**所以，健康人生应该是快乐、幸福、成就三者的平衡，快乐体验我们每天都应该有一些，这种积极情绪会让生命更加鲜活，而成就能够让你获得更多回报，幸福则可以帮助你找到存在的意义。**

别把品质当成魅力

曾经有一位男士向我咨询如何追求相亲认识的女孩，我看了他们的聊天记录后发现了目前追求受阻的原因。

我先问了男士一个问题："作为一个男人，你觉得自己对女孩的魅力都有哪些？"

男士想了半天回答说："形象还可以吧。还有就是比较靠谱，会关心人，有责任心。"

我告诉他："形象好可以算魅力。但靠谱、会关心人、有责任心这些都属于优秀品质，品质跟魅力是两回事，你现在的问题就是把品质当作了魅力，并且在交往的时候不停地展示给女孩，但这样做是错误的。只有魅力才可以用来吸引异性，那是一种直接的、不需要判断对错、跟好坏无关的对异性的影响力。"

男士似懂非懂。我接着说："魅力是大自然专为求偶使用的信息，可以主动、反复地去展示，但品质就不能这么用了，即使是优秀品质，比如靠谱、有责任心，也只有在遇到危机情况、黑暗之时表现出来才能闪光。而在日常的生活中，有事没事就表现自己的靠谱或者责任心，这就像大白天拿手电筒晃人眼睛，很让人烦的，你懂不懂？这样的行为在异性眼里非但没有吸引力，还会显得虚伪、做作和低价值。"

男士若有所思地问："我有这么做吗？"

我继续说："当然了，你看你们的聊天记录，女孩随便提了一句晚上要跟闺蜜出去玩，你就絮絮叨叨说了一堆"注意安全""早点回家""到家给我打电话"，你这是有多么急于想要表现你关心她啊！只有在女孩需要你的时候，比如她半夜突然给你打电话，告诉你她跟闺蜜打不到车回不了家，然后你二话不说穿着拖鞋就赶了过去，这才能让女孩感动。但平白无故追在人家屁股后面表达关心，这就让女孩觉得别扭了。记住，只有在陌生人之间，礼多人不怪这句话才成立。朋友之间，尤其是打算追求的异性面前，尤其要注意避免，因为对方还会认为你想限制她的自由。"

男士对我说的这些似乎无动于衷，只淡淡问了一句："那我该怎么办？"

多年的指导经验告诉我，多数男人就是这样，对自己犯过的错误永远没有兴趣反思，他们只关心一件事——接下来我该怎么办？

实际上我们这么较真地讨论魅力的概念，就是为了帮助大家在正确的道路上去追求，或者说当你真正理解了什么是魅力之后，自然就知道追求时该做什么、不该做什么了。

对于男性来说，魅力包含外型（颜值和身材）、举止（姿态）、谈吐（含声音）、气质（含衣着）、财富、地位、幽默这些特质。

对于女性来说，魅力包含外型（颜值和身材）、举止（姿态）、谈吐（含声音）、气质（含衣着）、温柔这些特质。

所谓魅力其实就是性别魅力，有魅力的人可以是好人也可以是坏人，这正是魅力与优秀品质的区别。具备优秀品质的人一定是好人，但正因如此，主动且反复向别人展示"我是好人"却会让你显得像个坏人或是傻子。

以前我一直想不通，为什么"好人卡"这个陷阱已经人尽皆知了，但还是有那么多人前赴后继地落入这个陷阱。现在我终于理解，当追求受阻，男人们发现对对方无计可施之时，求偶本能驱使他们总得做些什么，但他们又实在不具备可以影响对方的魅力，所以就把品质一遍遍去展示，妄图以此打动对方。

作为反例我们也可以看到，在男人能够对女人产生自然吸引的情况下，他们就很少会做讨好女人的事情了——所谓"讨好"就是在对方不需要的时候去付出。

归根结底，当交往不顺的时候，只有以下四点建议：

1. 宁肯什么都不做，也不能做错误的事。

2. 提升自己的魅力。

3. 等待机会。

4. 如果你非要"展示品质"，那就一定要等到对方需要的时候再出手。

在恋爱这件事上，搞清楚魅力和品质的区别，会让你在情感之路上成为一个理性睿智的人。

精湛你的表达

表达能力的四个层级

就像男人总觉得自己不够有钱，女人总觉得自己不够苗条，说起表达能力，多数人也都认为自己还不够好，为什么会这样呢？

因为我们总会把实际表达的结果跟想象中表达的效果去对比，而这就像读完了小说再看改编的电影一样经常会让人失望。但即便如此，电影的导演依然可以分为一流二流三流四流，人的表达能力更有强弱之分天壤之别，好的谈吐与表达能大大提升一个人的魅力，所以我们首先就来谈谈"表达"的问题。

我在情感咨询工作中遇到的大部分问题都是沟通障碍，其中直男们的不善表达是影响交流的一大原因。根据观察所得，我把一个人的表达能力从最差到最好分为四个等级，下面就给大家一一道来。各位读者也可以对号入座，看看自己当下最需要提高的是哪个层级的能力。

表达能力的第一层级：表达完整（基础层级）。

表达完整是衡量一个人表达能力最基本的指标，这个层级的问题表现是不能把话说全，经常有上句没下句。我的有些学员就属于这样的情况，比如在群里答疑时，贴上几张跟"女神"的聊天截图，然后没下文了，你不知道他到底是想问什么。是想问接下来该怎么聊，还是想知道女孩对自己的态度，还是想让老师分析一下交流中存在的问题？他就是不说，你只能去猜。

当面授课时也有类似的情况，有的学员举手发言："家里给介绍了个女孩，见了两次面。"然后，他就不再说话了！我就跟他大眼瞪小眼地对视着，直到最后由我打破沉默继续交谈。

不能完整表达最极端的表现就是，与人相处时除了简单的问候之外说不出任何其他的内容，然后彻彻底底冷场。

有这种问题的人大多内心极度缺乏自信，因此在交流时认为自己说的任何事情别人都不会感兴趣，而且自己说得越多别人就越不耐烦，自己也就越受打击，所以他们干脆就不说话了。

不能完整表达是一种心理问题，有些人平时说话正常，只是遇到了在乎的对象或者某些特别场合才会有这种表现；而另外一些人更加不幸，他们在任何场合任何对象面前都是这样。

与自卑导致的不能完整表达形成鲜明对照的是醉酒状态。人一旦喝醉都特别敢于表达自己，想到什么就说什么，绝不把任何事情埋在心里，但醉鬼们恰恰栽在了表达能力的第二层级。

表达能力的第二层级：表达准确（进阶层级）。

醉鬼们说话常常是前言不搭后语，不过要想从一个醉鬼口中获取情报，那简直就是不能更好的机会，唯一的麻烦是你需要耐心整理这些材料，这样才能知道他原本想要表达的内容。

醉鬼是不能准确表达的一个极端。

普通人在表达准确这项指标的平均成绩其实也就刚好在及格线上，基本也就只够交流日常生活的柴米油盐，稍微聊点复杂的内容就会力不从心。不信你就去仔细观察人们吵架，他们争论得喋喋不休，但经常说的不是同一件事。

所谓表达准确指的是表达时对概念和逻辑的严谨使用，这既跟教育程度有关，也受文化传统影响。不幸的是，我们的环境一向对此都不够重视，在生活中大家经常可以听到这样豪迈的口头语——"那么较真干吗，明白意思不就得了。"这其实就是在破坏表达准确这项能力，其结果就是你永远只能跟见识相近、观点相同的人混在一起，一旦走出自己熟悉的生活圈子，跟外界去交流复杂的信息就会特别吃力。

我们经常提倡做人应该有话直说，但这种交往模式也非常依赖于表达准确这项能力，因为如果你是在表达质疑或者不同意见，那么表达不准确常常就会引发不必要的冲突，让有话直说的成本超出你的承受范围。

这个同样适用于恋爱场景。在表白（追求或挽回）时，表达准确简直就是一项"必杀技"，因为在情绪最为激动的时候，不准确的表达会把你的炽烈情感变成威胁和压力传递给对方，而准确的表达则有可能让对方与你产生同样的感受，俗称——被感动。

在众多爱情电影中，我特别喜欢英剧的对白，因为他们的表达准确、细腻且克制，或者说正是因为细腻和克制所以才准确，比如《简·爱》里的经典段落："你以为我贫穷、相貌平平就没有感情吗？如果上帝赋予我财富和美貌，我会让你无法离开我，就像我现在难以离开你一样。"

再比如幽默这个大家都很重视的素质，我一直认为幽默就是"另辟蹊径"的"准确表达"，幽默的人天生喜欢把同样的意思用不一样的方式表达出来，"准确表达"作为基础，"另辟蹊径"展现个性，而引人发笑则是结果。

从心态上讲，真正幽默的人都是为自己幽默，那些为了讨得佳人一笑去故作幽默的行为不但不幽默，甚至很可悲。

从技术上讲，幽默是在严格的逻辑框架内的天马行空（幽默不是无厘头），而不能表达准确的人一旦想玩这个，说出来的话往往莫名其妙不知所云，会让人觉得他还不如做个规矩的老实人。

幽默是理性与感性的结合，女性会把幽默作为男人的性感指标之一，因此我们也可以这样理解：幽默就是以感性的方式让女性欣赏到这个男人的理性能力。

花了这么多篇幅讨论"表达准确"，是因为大多数人的表达能力都止步在这个环节。超越这个层级，表达能力就开始谈得上是否优秀了。

表达能力的第三层级：表达流畅（优秀层级）。

当表达的内容已经齐全（表达完整），表达的概念和逻辑也都清晰（表达准确），接下来就需要考虑以适当的顺序把这些信息呈现给受众，让他们可以轻松愉快地理解记忆，这就是表达流畅的效果。

如果说普通大众的表达能力停留在准确这个环节，那么很多专家学者的表达能力则卡在了流畅这个层级。比如伟大的弗洛伊德老师，他的心理学理论虽然影响了人类文化的各个方面，但原著却是超级啰嗦，你需要极大的毅力才能读下去，他的成名作《释梦》最初发行的六年间一共只卖出了 351 本，好在那时候快餐文化还没盛行，搁现在弗老师恐怕就永无出头之日了。

相比学术著作，大多数科普作品都能做到表达流畅，这也是科普能够"普及"的原因，所以想成为一个专职作家，表达流畅属于入门要求。同样的标准也适用于入门级的主持人，不求幽默不求深刻，只要讲话别颠三倒四啰啰嗦嗦就好。

可以这么说，只要做到表达流畅，无论写还是说，你的表达能力就居于普通人之上，基本就可以靠这个本事混口饭吃了。

表达能力的最高层级：表达生动（完美层级）。

在表达流畅的基础上再加入了情感色彩就是表达生动了。

科普著作能做到通俗易懂，却很难做到表达生动，毕竟科学知识很难与人类情感产生连接。表达生动的著作多见于历史和文学，《明朝那些事儿》的畅销就是个例子，当大部分历史小说还停留在表达流畅的水准时，表达生动的作品便一下子脱颖而出了。

以上我都是用文字作品来解释我给表达能力划分的层级，因为文字作品的内容明晰，大家容易去对照。但实际上，表达能力的这四个层级同样适用于口头表达，表达流畅就是口才优秀的人，表达生动就是口才出色的人，而普通人能做到表达准确就算口才合格了。

最后再给大家描述一下表达能力四个层级对应的不同表达效果。魔老师这些年走南闯北做巡回培训，住过各种档次的酒店，这里就用客房舒适度来做个比喻。

表达完整相当于衡量经济型酒店要看生活设施是否齐全，比如有没有吹风机、网络等。

表达准确相当于衡量三四星级酒店要看房间硬件是否好用，比如空调的制冷效率，窗户的隔音效果。

表达流畅相当于衡量五星级酒店要看房间布局是否合理，比如沙发边上是否有插座，蹲便器旁是否能放手机。

表达生动相当于衡量奢华酒店要看房间的设计艺术，当基本生活需要已经被充分满足，精神层面的愉悦就成为了新的追求。

那么，要想达到这四个层级，我们需要努力的方向是什么呢？

要想最终提高表达能力，就要清楚每一个层级能力的获取受什么影响，从而突破制约。

表达完整与心态建设有关。如果你有表达不能完整的问题，应该从心态层面入手解决。

表达准确更多受教育的影响，比如学校的教育或环境中他人的影响。如果你发现自己的表达不够准确，那么你需要的是规范的学习，知道表达的误区，培养良好的用词习惯，掌握表达准确的方法。

表达流畅是训练的结果。能力的获得不仅需要改变认识，知道方法，更需要进行实际训练。想要达到表达流畅这个层面，必须经过训练。

表达生动则是把自己的个性与情感自然地融入要传递给别人的信息之中，让听者在获取你的想法的同时也产生情绪的体验。如果你想要达到这样的境界，就需要在掌握表达方法与加强训练的基础上，融入更多个人特色，而快捷的方式是跟有这种能力的人多接触，"近朱者赤，近墨者黑"在这个层级很有效果。

准确表达：被拒绝后见面尴尬怎么办

作为一个教人恋爱的专家，我常常觉得自己又像个语文老师。仔细想想其实也不无道理，因为恋爱不顺的人很多都不善表达，脑子里没想明白的事通常开口也说不清楚；反过来表达不准确的人思维也难有条理，所以要想解决这些人脑子里的问题，我有时需要先从他们的表达入手。

在教学过程中我不断遇到这样的情况，很多学员对社交的基本认识都是混沌一片的，说出来的话也常常经不起推敲。

比如："邀约女同事如果被拒了，以后见面尴尬怎么办？"

遇到这类问题，我通常会这样提示他们："你说的尴尬是谁的感受？是女同事吗？可人家为什么要尴尬？难道你除了邀约还做了其他过分的事情？如果你没有做其他过分的事，那么邀约在同事关系中就是个普通的好感行为，正常女人是不会因此而尴尬的。如果你说的尴尬是指自己被拒后的感受，那么作为一个男人要追求异性，你就应该承受这样的心理压力，只要你的尴尬不给别人带去麻烦，只要你不因此做出打扰他人的行为，那么这个世界也不会来找你的麻烦，剩下纯粹感受范围的事情你自己慢慢化解就好。"

同样另一个例子:"戴耳机听音乐的女生适合聊天吗?"

这也是个让我特别无语的问题,因为"适合"这个词本身带有高成功率的色彩,如果我回答"适合",会给人造成一种认识戴耳机的女生会很容易的感觉,但这是不符合事实的;可如果我回答"不适合",又会让人产生不能打扰戴耳机女生的结论,但这又完全不是我的本意。

关键在于提问本身有问题,正确的问法是"戴耳机听音乐的女生可以聊天吗",答案则是"可以,虽然成功率不一定高,但值得一试"。

而所谓"适合"指的是,客观条件有利于这件事的发生或进行。我发现宅男去社交(也包括他们做其他事),总喜欢从客观条件适合不适合的角度去考虑,但这种想要与人聊天的行为的本质是释放自己心动的感觉,如果目标就在眼前,你也不可能施展时空大法,把她转移到另一个更适合聊天的环境,那么只要判断客观条件"可以"了,就先尝试聊了再说。

什么是"可以"呢?"不可以"的反面就是"可以"。接下来让我们对比其他几个概念一起深入解释。

我发现,除了适合之外,"可以、应该、需要"这几个概念也是很多人在社交这件事上经常混淆的词汇。

比如,"今天你可以约她""今天你应该约她""今天你适合约她""今天你需要约她"这几句话有什么区别?

可以,是指你的邀约行为不会让对方觉得讨厌,但对方会接受的可能性也不大,仅此而已。成功率不到20%。

应该,是指你们的关系发展到可以邀约的程度,并且具有相当成功率，但女孩对被邀约这件事并没有期待，你不邀约也不会让女孩感觉缺失什么，只是你自己错失良机而已。邀约成功率50%~60%。

适合，是指你们的关系到了你应该邀约的程度，女孩也期待有男人约她，但还没有专门指向你。你不邀约并不会让女孩觉得你有什么不好，只是你错失了更好的机会。邀约成功率70%~80%。

需要，是指你们的关系发展到女孩心里已经期待你这个人的邀约了，成功率接近100%，这时候你再不邀约就是犯错误，错误的后果是女孩会觉得你不够喜欢她。

我们用生活中常见的情况再来说明一下。

1. 什么是不可以。首约过程女孩态度一般，第二天或第三天男士就去联系，女孩态度还是一般，男士在这种情况下发出邀约，这就属于不可以。女孩会给他扣分。

2. 什么是可以。首约过程女孩态度一般，接下来一两周内，隔三差五微信聊，女孩态度不冷不热，男士在这种情况下发出邀约，这就属于可以。虽然不犯错，但也没什么成功率，纯粹撞大运。

3. 什么是应该。首约过程女孩态度友好，接下来一两周内，隔三差五微信聊，女孩态度友好，男士在这种情况下发出邀约，这就属于应该。成功率很大，但不做也没人怪你，就是错失良机而已。

4. 什么是适合。首约过程女孩态度友好，接下来一两周内，隔三差五微信聊，女孩态度友好。接下来恰好到了某个节日假期，或者某一天女孩发朋友圈，表达出无聊想要人陪的状态，男士在这种情况下发出邀约，这就属于适合。成功率更大，但不做也没人怪你，就是错失更大的良机而已。

5. 什么是需要。首约过程女孩态度友好或热情，接下来一两周内，你们几乎每天联系，女孩态度继续友好或热情，在这种情况下，邀约对男士来说就是需要做的事，因为通常女孩这时都在期待着你推进关系呢，如果你还一直不约，女孩就觉得这个男人奇怪了。

其实这些概念的区别在我们的日常语言使用中已然存在，古人说的"天时地利人和"，恰好可以对应到"应该、适合、需要"，三者分别指向自我、客观、对方。

不过多数时候多数人说话都没有这些思考过程，大家都是凭着模糊的感觉在交流。但是如果把这些概念弄清楚，在追女孩甚至人际交往中你就会更清楚什么情况下该说什么话以及该做什么事，而那些表达不清的人，脑子往往也是一锅酱汤，永远只能凭着欲望行事，并且永远也只能靠运气等待结果。

其实如果仅仅只是描述现状，某一两个概念的不精确，对理解整体意义倒也没有太大影响，这也正是普通人常说的一句话："你明白我意思不就完了，有必要较真吗。"严谨表达真正的作用在于让我们可以分析过往或推理未来，这时候每个概念的精准使用再加上丰富的想象力，才可以让我们在思想的道路上走得更远，也能有助于我们解决更多的实际问题。

在实践中我发现，内向菜鸟们最爱用的词就是"适合"，有时候双方的关系明明是在可以与不可以的生死线上挣扎，他们一开口也是："下次什么时候适合邀约？"

的确，适合这个词有着一种绝对存在的色彩，而菜鸟的问题恰恰也是他们对于真实关系的迟钝以及对于完美想象的执着。

感受表达：如何应对欲言又止的人

生活中有些比较作的人是这样：她主动到你面前拉开倾诉架势——"昨天遇到件特别倒霉的事情"，可是，正当你打算好好安慰她时——"怎么了？跟我说说吧……"这人又话题一转——"算了，其实也没什么……"然后，就换话题了。

这种情况在生活中并不少见，如果是跟我们没什么关系的人倒也罢了，但如果恰好是我们想追求的对象，我们可能就错过了一次拉近关系的好机会。

那么，有没有办法应对这种欲言又止的人，让她们说出心中所想呢？

我在《魔鬼聊天术》一书里曾经提到过，遇到女孩说"今天过得不开心"这种情况，回应的要点是：把询问的原因表达落脚于"人"，而不要落脚于"事"。

即尽量不要说"是什么事情让你不开心了"，而最好改成："跟我讲讲，是谁欺负咱们×××（女孩的名字）了？"

也就是说，把话题归结到人与人之间，更符合女性喜爱八卦的天性，更能激发她们的表达欲。

但以上这种应对技巧，说来说去针对的还是那种高安全感、本来就打算向你倾诉的对象。可是，如果遇到低安全感、还没决定要不要把心事彻底表露的人，要想让她们打开心扉，就需要启动另外一种对话模式了。

通常来说，欲言又止的人心理是这样的：尽管她们的内心充满着想要倾诉的内容，但是她们又不确定该不该说以及说了有没有用，所以虽然在一时冲动之下，她们可能脱口而出："唉，昨天过得特别不顺。"但是，如果马上被人追问"是什么原因"或者"是谁为难你了"，这种低安全感的人又会担心，说出这些让自己受伤害的人或事，可能会更加暴露自己的无能，更加被外人嘲笑。

所以，这种人就像河蚌一样，只有在放松时才会张开自己的双壳、袒露自己的内心，一旦有风吹草动则会紧紧关上，并且外界越想撬开，她越会死死闭合，除非最后用榔头砸碎。

那些欲言又止的人也是这样：一旦她们开启戒备模式——"其实也没什么"，那么，大多数情况下，你越是追问——"没事的，别担心，跟我说说呗，或许我能帮上忙"，她们越不愿多说——"没什么，真的没什么，唉，你这人怎么还没完了……"

这样拉锯战的最终结果就是，不但没有拉近你们的关系，反而还让彼此距离疏远了那么一点点。

正确的应对原则是，既不要立即询问原因，也不要主动谈论导致对方情绪不好的人或事，而要关注对方此刻负面的状态或者情绪。在充分交流感受和看法之后，引导对方自觉谈论因果。

具体的对话例子有：

"很少见到你这个样子……"

"太不应该了，你这么随和的人怎么也会遇到这样倒霉的事情……"

"那你现在感觉好点没有？还是更糟糕了？"

"上次见你还是好好的，怎么一下就这样了？"

"难怪了，看你脸色都没以前好。"

"好奇怪，在过来见你的路上，我就隐隐感觉有事情发生了……"

……

总之，应对的关键就是先不要触及事件的原因。因为对于低安全感、内心不够强大的人来说，直接谈论原因有可能让她觉得别人就是来看热闹的。关注对方当下的状态或感受，可以让对方感受到你对她本人的重视，从而让她在你这里产生更多的安全感。之后，她往往就会继续表达自己的感受。

而接下来则会出现一个有趣的心理现象：当一个人专注描述自我感受时，她不可避免会谈论到导致这种感受产生的外部事件，即原因本身。

几年前，在我给学员上口才课时就发现了这个规律。我让学员说他们失恋时的感受，本来学员只是描述痛苦表现——吃不下睡不着、干任何事都没心思。但不知不觉，他们就开始表达导致这种痛苦的原因——自己付出了那么多（各种事实），但对方却视而不见（各种事实），所以才会如此痛苦不堪。

所有这些表达，都从纯粹的感受对应到了具体的事实，也就是原因。

换个角度设想，如果你直接问一个人失恋原因，他很难马上说出这么多，只有当他完全进入感受表达的状态时，才会自觉自愿滔滔不绝。

同理，无论是那些生性敏感导致的低安全感，还是由于你们彼此尚未熟悉导致的低安全感，当这样的交谈对象在你面前无意间流露出自己的情绪感受之时，我们都不要像对待一般人那样，马上把话题跳到事件或者原因，而是应该多点耐心，先充分共情，让对方能够完全把注意力集中于自己当下的感受，这样做她们才会逐渐对你袒露心扉。

通常来说，当对方有欲言又止的迹象时，我们给予以上回应，就能打开大部分人的倾诉模式。但也有一些人在接下来的对话中还会出现犹豫不决的情况，所以再给大家介绍两个引导说话的技巧：

1. 当你感受到对方的阻抗时，尽量把"是什么让你产生这样的感觉"替换为"为什么你的感觉是 a 却不是 b"。

这里要多解释几句，a 是对方主动说出的感受，b 是我们自己说出的、与 a 临近的感受（比如 a 是遗憾 b 是难过），至于具体是什么感受就需要发挥你的想象力了。选择一个恰当的感受 b，可以极大激发出对方的表达欲，因为人感到被误会时本能都想去解释，这一解释往往就会动用事实和因果了。当然，这种刻意制造的错位张力需要精确地把握分寸，绝对不能引起对方的排斥和反感，所以说优秀的心理咨询师是对话的艺术家。

2. 当对方表现出迟疑态度、不能继续说下去的时候，我们重复对方刚刚说完的最后一句话，伴之以跟对方相近的表情、语调和姿态，这种暗示往往能给对方动力继续说下去。但需要注意的是，这个技巧在一次对话中不能超过三次，否则十分欠揍。据调查，最令人厌恶的行为之一就是学点心理学知识然后到处乱用，最后还让别人看出来。

表达的分寸：掌握赞美的法则

现在但凡知道点聊天技巧的人可能都听过这样的说法：赞美别人，包括女孩，不要太泛泛，要具体，要针对细节。

但仅仅这种程度的指南，执行起来还是会出现问题。

比如，通过细节赞美对方漂亮，你说："你的眼睛很大、你的手指很细、你的皮肤很白……"有的女孩就会琢磨："难道我在你眼里就是一堆零件？"

再比如，有的男士会说："看到你这么漂亮，我就快不能自已了。"这样的表达会让有些女孩觉得："这人也太猥琐了吧，是不是只要是好看的人都能让他兴奋？"

所以，仅仅只是针对细节和局部去赞美女孩其实有相当风险，搞不好就会物化女性以及禽兽化自己。

没有章法地赞美细节还会导致情感过度的错误，比如对女孩说："你走路的样子让我看了心跳加速，所以才想跟你认识一下。"这种话很容易把女孩吓跑。

因此，咱们永远与时俱进、全年在线更新的魔鬼约会学今天给大家提供一个安全、有效、操作性极强的"赞美法则"。

赞美从来不是诸如"你人很好"的简单评价；赞美细节也不是诸如"你的'细节'很好"的简单评价。

赞美方式应该是"细节"+"细节对外部世界产生的影响"。

但光有这个模板依然不够，因为表达"细节对外部世界产生的影响"就是在表达情感，而表达情感稍不小心就会犯情感过度的错误。所以魔鬼赞美法针对交往必经的三个阶段给出了更加具体的指导。

1. 对于刚刚认识、尚不熟悉的关系，赞美女孩可以关注她的物理特征（身体、衣着或装饰），然后强调的是这些特征让她在人群之中显得如何突出。比如："你的这条丝巾，让我在大厅里一下子就注意到了你，即使那会儿你还没转过身来。"这种赞美的效果是减轻刚刚认识时产生的尴尬和拘束。

2. 到了交往中期，彼此已经不那么生疏了，赞美女孩可以关注她作为独特个体的风格或气质，然后强调这种风格或气质对你的心理活动产生的影响。比如："你关上车门走上台阶的背影，这两天老是出现在我的脑子里。"这种赞美的效果是制造浪漫、推进关系。

3. 进入关系后期，打算推进关系或表白的时候，赞美女孩可以表达因为有她在这里，此刻的气氛才如此特别，以及这种气氛让你产生的情感心理反应，这种赞美的效果是引导你们让关系更深入。

也就是说，一个女孩外在的美丽，你要夸的是她因此而鹤立鸡群、与众不同。但如果只是这些外在指标就能让你脸红心动，那就显得你太肤浅，也把这个女孩物化了（日常社交中赞美成功人士的成功也与此同理）。能让你脸红心动的应该是以她的美好外在为载体的她的行为，因为行为才是一个人修养的体现，"你关注她的行为并因此心动"，这才说明你是有精神追求的人。而最后的关头当然要表达本能冲动，重点是这个冲动的产生是因为你们的关系而不是因为她的外在，这样才显得你是一个爱她的人而不是一头动物。

有效沟通：如何把
担心尴尬的女孩约出来

在跟女孩交往的时候经常遇到这样一种场景，你们交换了联系方式，微信上聊得也不错，接下来似乎顺理成章应该见面了，可是你一提邀约，对方却说"见面的话我可能会尴尬"。这时候你该怎么办？

这种情况，无论在我自己个人经历，还是指导学员的教学生涯中都出现过很多次，常见的失败回应有如下这些：

"我不尴尬就行啊。"

"没事，我来说话你负责听就可以。"

"放心，我不会让你尴尬的。"

"尴尬是正常的，适应一下就好了。"

"我也知道会有些尴尬，但我确实很想见到你。"

"要不我们就只喝杯咖啡，小坐一会儿呢？"

"尴尬什么呀，人不都是从陌生到熟悉的嘛~"

……

明明双方都有好感,约会就近在眼前,但如此这般的回应最终得到的结果却是,女孩充满歉意且坚决地说:"要不还是下次吧……"于是你就只能耐心等待下次了,时间可能是几周也可能是一两个月之后。如果这期间你们还能在微信上保持着不错的互动,那么通常女孩倒是一定会出来跟你见面的。因为从理性上讲这其实也符合女性的择偶利益,那就是当一切看似美好时,适当放慢升级的速度有助于避免一时冲动做出错误选择。

但是站在男性自身的利益角度,有没有更好的方法能直接在当下就把女孩约出来呢?这里跟大家分享一下我的心得。

当女孩说"见面的话我可能会有些尴尬",这里有一个关键词是"尴尬",尴尬意味着什么?很多人都不会去深究,大家只把"尴尬"理解为一个表达拒绝的词语,然后就去琢磨如何应对拒绝。

但是,当你向女孩提出一个要求,女孩回应了"我要拒绝你的要求",那么在这个层面继续去讨论问题无论如何都是无解的,以上的那些回应不过是在重复一些车轱辘话:

"没事的,你不应该拒绝。"

"你想拒绝是正常的,可是我不愿被你拒绝。"

"我知道你要拒绝我,但我不想被你拒绝。"

……

可以看出来,本质上全都是无效沟通。

那么如何进行有效沟通呢?方法就是把"尴尬"当作在这个情景下的一种特殊情绪去进一步讨论。

当对方描述了见面时自己会产生"尴尬"这种情绪时,她担心的是与此相关的他人对自己的评价和看法,或者说是她自己在他人心目中的形象,所以在这个时候,你直接强调她担心的这些事不会发生，或者没她想象得那么严重，就是一种粗糙且粗暴的交流。

因为在这件事情中，女孩自己的情绪一定是会存在的，并且与之相关的想法或念头也一定会在她的头脑中产生，我们不能否认。

但是，我们可以否认的是"女孩认为我们会对她产生的想法或判断"。

但是如何让女孩相信我们的否认是真诚的呢？

这就需要我们先能够说中女孩自己的感受以及想法，这样信任才可以建立起来。

具体来说，最好的应对方式是你先说出自己对对方感受和想法的判断，然后再去询问对方对你的判断的看法，最后再说出自己对对方的看法，这会是一个比较安全的模式。相反，直接去让对方表达想法和看法，通常对方是不愿配合的，因为尴尬本质上还包含着潜在的攻击性，所以有效沟通的前提是你能够准确把握对方的心理活动，你主动说出对方的顾虑，并且说对了，接下来对方才可能信任你和配合你。

女：见面的话我会觉得尴尬。

男：你是担心如果见面时你不说话，会显得你是个不好相处的人吗？放心，我不会这么认为的。

很多时候，我们之所以总是下意识地逃避尴尬，本质上是害怕被别人误解，误解包括不友好或者蠢笨，这些都会破坏我们的社交形象。比如很多人常常会说"我跟熟悉的朋友话很多，只是跟生人不知该聊什么"，他们说这话就是在表达自己并不是个不会聊天的笨蛋。明白了这一点你也就该懂得，这种时候你要把话题引向他跟熟人是如何会聊天的，这才会让对方感觉舒服和自信，但遗憾的是，很多人此刻却会把话题引向帮助对方解决不会跟生人聊天的问题，但这其实是个糟糕的方向。

通常按照有效的方式沟通之后，女孩接受邀约的可能性就会大大提高。

如果女孩反馈"是的"或者"那就好"，这时候，你就应该趁热打铁，无须继续讨论尴尬的话题，你要及时把邀约的具体方案，比如时间或地点一一说出，然后这个邀约基本就成功了。

良性沟通的常规步骤

假设，你住在合租公寓，新搬来的室友烟瘾很大，经常搞得房间里乌烟瘴气。但是公寓并没有规定不许抽烟，在这样的环境中你感觉非常不好，于是今天打算跟室友摊牌，你会怎么说？

也许你会说："抽烟有害健康，要抽烟请出去！"

也许你会说："我实在受不了了，你怎么可以这样！"

也许你会说："你能不能讲点文明？"

这样说话非但不能达到目的，很可能两个人还会打起来。

正确的表达应该是怎样的？

首先我们要懂得表达的目的是什么，简单说来就是为了人与人之间友好的沟通，而不是单纯地改变对方的行为。如果目的是后者的话，最好的办法应该去练习拳击。

按照友好沟通这个目标，比较合适的表达可以是这样：

"跟你说个事情，最近这段时间，每次我回到咱们公寓，房间里总是烟雾缭绕，桌上到处是烟灰，地上到处是烟头。生活在这样的地方，我的心情非常压抑和烦躁，有时候甚至觉得快要崩溃。因为我是个特别注重健康的人，清新的空气和干净的环境对我非常重要,所以我想跟你商量一下,以后你愿意去外面抽烟吗?"

以上这段话里其实有个套路,它包含了友好沟通的四个常规步骤。

第一步:陈述观察。

——最近这段时间,每次我回到咱们公寓,房间里总是烟雾缭绕,桌上到处是烟灰,地上到处是烟头。

第二步:表达感受。

——生活在这样的地方,我的心情非常压抑和烦躁,有时候甚至觉得快要崩溃。

第三步:说出需求。

——因为我是个特别注重健康的人,清新的空气和干净的环境对我非常重要。

第四步:提出请求。

——所以我想跟你商量一下,以后你愿意去外面抽烟吗?

友好沟通里有四个重要的概念:观察、感受、需求、请求。

观察:事物的客观状态,不是好坏对错的评判。正确的陈述观察是"地上到处是垃圾"。错误的陈述观察是"地上很乱"。这是评判。

感受:感觉以及情绪的综合,不是好坏对错的评判。正确的感受表达是"我都快要崩溃了"。错误的感受表达是"我一忍再忍而你却得寸进尺"。这是判断。

需求:我们在内心世界的抽象期待。需求常常是具有普适性的价值判断,比如对于健康、美好、快乐、自由、秩序、和谐、爱情、友情的向往和追求。正确的需求是"我需要关心和照顾"。

错误的需求是"我需要你多考虑别人"。

请求：我们对外部世界的具体期待。请求要具体，要落实到行为层面，是"做什么"而不是"不做什么"。正确的请求是"你可以出去抽烟吗"。错误的请求是"希望你注意文明"，太过抽象；"请勿在室内抽烟"，只有否定。

接下来我们继续讨论：为什么正确的表达方式会是"观察—感受—需求—请求"这个顺序？

因为它遵循了沟通时交流内容由确定向不确定过渡的顺序，即"不可不知—可知可不知—不可知—不可控"。

观察属于"不可不知"，所有处于这个环境的人睁眼即见。

陈述观察，可以让交流的双方在初期建立共识和基本信任。比如，你对他说"桌上到处是烟灰，地上到处是烟头"，这种表达一般不容易有误解。但如果你上来就说"房间里很乱"，这种判断则有可能引发分歧，对方可能会说"我不觉得乱"。

感受属于"可知可不知"，虽说感受也是客观的，但它发生在你的意识里，呈现在你的身体上，只有关注你的人，心细的人才会发现你的感受。

正确的感受表达有助于激发同情心，比如当听到有人说"我感觉快要崩溃"时，我们会觉得对方是一个需要帮助的弱者。但如果我们听到的是"我实在受不了了，我一忍再忍而你却得寸进尺"时，则会觉得这是一个前来挑衅的对手。

需求属于"不可知"，需求虽然可以被推断，但前提是别人愿意推断以及能够推断你的需求，否则，如果你不说出来，别人永远无法知道你的需求。

如果说表达感受可以激发同情心，那么说出需求则容易获得同理心，因为需求往往是具有普适性的价值判断，正常人都会认可健康、美好、快乐、自由、秩序、和谐、爱情、友情对生活的意义和重要性，只不过我们不清楚对方在当下更关注其中的哪个方面。

很多人在人际交往中老是感觉被动，其中一个原因就是他们很少直接说出自己的需求。他们总是等着别人猜测，然后再满足自己的需求。而这一旦成为习惯，那么当他的需求得不到满足时，便容易认为别人在对自己刻意无视，而这又进一步导致自卑或敌意。

我们的传统文化不是特别鼓励人们直接说出自己的需求。从好的一面看，如果在双方的交往中，一方只需自然地流露他/她的感受，然后另一方凭着细致的关注推断出他/她的需求并且还满足了他/她，让"一切尽在不言中"，这当然会是个更贴心更美好的人际关系体验，就像回到了爸爸妈妈的怀抱。

有些女孩谈恋爱时更是把这点发挥到了极端，她们在男朋友面前既不说需求也不提要求，只是通过不断地要脾气闹情绪让对方猜测。女孩子这么做，其实就是因为她们要享受被父母呵护的感觉，但这并不是真正的爱。这种交流方式还有一个问题，那就是极大降低了人际交往的效率，所以非常不适合现代社会的快节奏生活。

请求的结果本质上属于"不可控"。

通过改变别人的行为让我们的需求得到满足，请求是几种方式之一，拿本文案例来说，如果你身强力壮，自然可以靠拳头不让你的室友继续在房间里抽烟。

或者，如果恰好他必须通过你才能认识一位他特别喜欢的女生，作为交换条件，你也可以要求他以后出去抽烟。

以上是另外两种常见的改变别人行为满足自己需求的方式：胁迫和交易。请求属于第三种，即不依赖武力或者利益，仅靠沟通去改变他人行为，相比之下这种方式的结果最不可控。

虽说结果不可控，但提出请求却是生活中人与人打交道最常见的方式，因为我们不是时时处处都可以做利益交换，更不用说暴力胁迫了。

用友好沟通的方式提出请求有两个好处：

1. 能够尽可能提高这个不可控事件的成功率。

2. 无论成与不成，都可以让交流的双方保持更好的人际关系。

提出请求的结果虽然不可控，但还是有一些可以提高成功率的小技巧：如果对方帮你实现愿望可以彰显他的人品，那么你尽量问"愿不愿"；如果对方帮你实现愿望可以彰显他的能力，那么你尽量问"能不能"。

最后，再回头看本文最初列举的三个例子：

"抽烟有害健康，要抽烟请出去！"

"我实在受不了了，你怎么可以这样！"

"你能不能讲点文明？"

三句话共同的错误都在于没有遵循"观察—感受—需求—请求"这个表达顺序，结果就是让听到的人一脸蒙，觉得你不是来挑衅就是在犯病。

"观察—感受—需求—请求"的概念以及表达顺序，是我在《非暴力沟通》这本书上看到的。

陈述观察："刚才我正在咖啡厅坐着，忽然看到你从电梯下来。"

表达感受："你边打电话边笑的样子让我非常心动，我觉得如果不过来跟你说句话一定会后悔。"

说出需求："其实我就是想要认识你，希望以后能做个朋友。"

提出请求："我们能不能加个微信？"

这正是，实践出真知！

接下来我们把这个方法进一步应用于更多的生活场景。

设想你变成那个抽烟的室友，面对同伴提出不要在公寓抽烟的请求，如果你不想轻易放弃自己抽烟的自由，请问该如何表达你的想法？

这个假设的意义在于，按照大多数人的道德准则，抽烟总是不对的，因此只有当你能把一个不对的需求也按照合理的方式进行表达之时，才说明你真正理解了沟通的精髓。

这就像，如果一个有罪的人也能按照正常的程序被审判，这才体现法制真正进入了我们的生活。

同样还是四个步骤。

第一步：认可对方的感受。（注意，是认可对方的感受，而不是认可对方的请求，因为如果你认可了请求，那么接下来你就该按照人家的请求去行动了，但这显然不是你的目的，可如果你不去行动，接下来就会导致对立。）

同时，你应该为没有注意到对方的感受而道歉。因为感受是可以被观察到的，你为忽略对方的感受而道歉永远成立。道歉传递出友好的态度，并且为忽略感受而道歉也不代表你自身真的有错误。这种道歉有点儿类似于英文的 sorry 而非 apologize。

例如："没想到你在咱们公寓过得这么不开心，抱歉我一直没有注意到这一点。"

第二步：承认观察到的事实，表达自己的感受。

例如："我确实经常在房间里抽烟，说实话，能躺在自己的床上抽烟让我感觉无比自在，甚至忘了去关注周围人的感受。"

第三步：说出自己的需求，认可对方的需求。

例如："因为小时候在家里一直被约束，上学之后才终于有了自己的空间，所以我特别渴望自由，但是我也知道不该因此就影响别人的健康。"

第四步：提出折中请求或者提出折中方案。

例如："所以你看我们能不能商量一个方案，或者你认为这样可以吗……"（提出你自己的方案）

提醒大家，友好沟通的意义不在于一定要对方按照你的意愿去改变他的行为，而是真诚地交流彼此的需求和感受，从而建立更好的人际关系。

讲一个我的亲身经历。

大一那年，我们宿舍有个同学睡觉打鼾极其严重，而我又是个睡眠很轻的人，所以入夜之后，他睡着了就把我吵醒，我睡不着了再把他叫醒，基本上每天晚上我们只能各睡一半时间，谁都休息不好。那时的我也不太懂得沟通，矛盾很快上升为冲突，于是有天晚上我们俩决定靠打架来解决这个问题，谁输了以后就认倒霉，再也不许要求对方。

可是，等到我和他走到宿舍楼后的空地，拉开架势准备决斗时，却都下不去手，谁也不愿打出第一拳，好像当时还说了"你先来，你先来"之类谦让的话。在僵持了快有一分钟之后，那位同学忽然放声大哭，情感释放一发不可收拾，诉说从家乡到北京后遭遇的各种压抑、各种倒霉、各种不痛快，觉得自己窝囊得不像个人，现在连睡个觉都被看不起。

看到一向冷漠的同学突然变成这样，我也眼眶湿润了，连忙各种劝说安慰，然后我们去宵夜食堂，点了两个菜喝了几瓶酒又聊了一晚上。后来这件事的结果就是，他呼噜还是照打，我们还是都睡不好，但是彼此却愿意为对方做退让。也就是从那时开始，我养成了上午不上课在宿舍补觉的习惯。好在我当时的课比较轻松，四年后我们也都顺利毕业了。

还是回到本文的案例，如果你是那个抽烟的人，而你的室友是个不会沟通的人，某一天，他突然对你说："你太过分了！不许在房间里抽烟！"你该如何应对呢？

跟不会交流的人进行沟通的应对原则是：如果对方的语言里只有指责和命令，没有自己的感受和需求，那么我们就要替对方说出来，我们要主动去关注他的感受和需求。

对话技巧如：

我：你认为我很自私，不讲卫生，不讲公德，是吗？（不否认对方的指责，并把对方的指责进一步具体化，这样可以立即建立对话的基础，但实际上你也没承认自己有错）

对方：是的。

我：这样让你感觉很压抑很愤怒，是吗？（替对方说出他的感受）

对方：是的。

我：因为你很注重健康，很注重卫生，也很重视相互体谅，

是吗?(替对方说出他的需求)

对方:是的。

接下来就可以直接照搬第二部分的方法了。

我:非常抱歉,我一直都忽视了你的感受,没想到你在这里生活得这么不开心。我确实经常在房间里抽烟,说实话,能躺在自己的床上抽烟让我感觉无比自在,甚至忘了去关注周围人的感受。因为小时候在家里一直被约束,上学之后才终于有了自己的个人空间,所以我特别渴望自由,但是我也知道不该因此就影响别人的健康。所以你看我们能不能商量一个方案,或者你认为这样可以吗……

看起来我有点儿像是在教大家如何狡辩,但实际上我想说的是,表达时的形式正确比内容正确更加重要,因为所有人都会认为自己的要求是正当的,所以在交流时只表达自己要求的内容其实没有意义,并且还容易导致冲突,只有通过规范的表达形式,才能让我们把不同的要求内容联系到人所共有的感受和需求,也才能够让我们"有事好商量,有话好好说"。

3

构建平等和信任

信任感是沟通的基础：被问收入怎么办？

收入属于个人隐私，按理说是不该打听的，但奈何生活中还是有不少不自觉的人，所以聊天时难免会遇到这样的尴尬——"哎，你现在挣多少啊？"

很多朋友都苦恼于不知如何回答这样的问题，这里咱们就好好讨论一下。

打听别人的收入，这其实是人际交往中的一个越界行为。但是，那些意识不到界限的人通常还会理直气壮，反而是被问的人不知所措。所以咱们把怎么回答这个问题暂时放一放，先讲讲多数人被问到收入之后的心理活动。

"个人隐私"涉及一个基本伦理——己所不欲勿施于人。那些打听别人收入的人，他们愿意把自己的收入告诉对方吗？一般来说都是不愿意的。

所以按理说你可以反问对方："那你挣多少啊？"但实际上多数人不会这样回应，也不能这么回应。因为这又牵扯了另外一个社交中的重要因素——信任。

当别人问你问题的时候，你不回答却直接反问，这就会流露出对对方的不信任，而在和气的社交中，首先表现出不信任的一方却天然理亏。越界只是素质低，但并没有不信任你，就像熊孩子可以胡闹，但"跟他计较就是你的不对了"。

类似的情况在生活中有很多：比如借钱不还的人，如果你去催债，他会反咬你"不相信我会还钱"；恋爱中明明出轨的一方，你去质问他，他会指责你"竟然怀疑我"。

所以，首先表现出不信任的一方要承受更多的社交压力，这正是很多人遇到这种问题后不知所措的原因。

认清了这一点，我们的应对方针就是：既要维护自己的利益（隐私），但也不要表现出不信任的态度。

怎么做到这两点呢？还要再说一下信任是怎么表现的。

人际交往中，信任的表现分为两种：形式和实质。

形式信任：至少需要热情或者友好的社交态度，而礼貌态度就不够了，礼貌表达不了信任。所谓友好态度，是指回应中有细致的状态及感受表达；所谓热情态度是指回应中会把对方拉入话题内容（比如：留下吃饭吧，一起去玩吧）。

实质信任：关键信息的分享（比如：你到底挣多少钱），以及实际利益的付出。

在被问到收入时的回应原则：把形式上的信任做足，但关键信息滴水不漏。

下面分两种场景说明。

场景1，亲戚朋友问收入。

你可以把话题引向"分散收入"，比如独立项目、业务提成、证券投资，甚至当下流行的虚拟币……跟朋友认真地聊一聊你在这些事情上的收入情况，这样就显得足够友好和信任了；然后再强调由于客观因素或者主观原因，导致这类收入并不稳定，所以最终你也没仔细算过自己的年收入或者平均月收入到底是多少。

通常，你可以把某项分散收入说得高一些，这样表明你有很好的赚钱能力，同时因为这项收入并不是持续稳定的，所以你也没有暴露你的总体收入水平，保护了自己的隐私。

场景2，同事问你工资，并且你的岗位也不存在业务提成。

同事的目的通常是想知道老板怎么对待其他员工，从而了解自己在公司中的位置。

你只需要回答："工资是按公司的统一标准开的，一点儿也没照顾。"然后再说一些心理感受来补充一下形式信任就可以了。

写了这些有人会说，回答收入问题，犯得着这么累吗？直接怼一句"不方便"不行吗？当然可以，只要你不在乎对方，不需要跟对方打交道。

其实如果大家去网上搜索一下，会找到很多关于这个问题的回答，但大部分都属于搞笑的回复，估计是听来的段子，比如：

"你一个月挣多少？"

"不到十万。"

"具体多少？"

"四千。"

……

"你工资多少？"

"说说你儿子的工资，让我算算是他的多少倍。"

……

这种回复显然不适合真实生活，在咱们这个人情社会，能够坐下来聊天的人，多少都得给点面子吧。

没有经验的人在遇到这种问题时，往往会有以下两种选择：

要么，告诉对方一个数字，这样就损失了自己的利益，即使告诉对方的数字是假的，你也从社交的气势上弱于对方了，你在对方眼中变成了一个好欺负的人。

再要么，给一个上堆的回答，比如"没多少啊""凑合能吃饱"。这种逃避式的回答不仅不够友好和信任，另外还有一个问题就是，在某些时候，对方要从你的回答判断你的社交价值，而把自己说得太低，让人看不起，也是变相损害了自己的利益。而上面陈述"分散收入"的好处就是，可以根据你的需要，灵活调整你想让对方认为的你的收入的可能性。

最后总结一下。

收入之所以算得上是隐私，前提是"当它比较多的时候"。而对于刚刚走向社会进入职场的新人来说，其实被问到了直说也无妨，这就像没人会笑话光屁股的小孩。所以场景2并不太值得讨论。

当你有了一定社会积累，收入才是值得保护的隐私，这也就是场景1。

至于那些闯荡江湖更久的人，被问到收入时干脆就这么回答了："咱已经财务自由好多年，手里有房产有股票，早就没工资这个概念了。嗯，现在的工作嘛，为了兴趣和情怀……"

保持平等：不要过分巴结奉承

过分巴结奉承（网络上称之为跪舔）是异性交往中特别常见的一种错误，这种行为以及背后的意义值得我们专门探讨一番。

通常提到的这种行为，我们头脑中反映的都是对女孩太好、太依顺、太多赞美。实际上这种行为的要点在于对方对你表达的好意的冷淡回应，也就是说，如果对方回应消极，那么即使你的赞美和关心很轻微，只要重复次数多了也属于过了；反之如果对方回应积极或者有跟你相近的投入，那么就算你付出很多也属于正常。

这种行为由两部分共同构成，缺一不可，这两部分分别是"你的行为"以及"对方的行为"。

你的行为：

不停地赞美对方，例如，加班就是勤奋，读书就是学霸，旅行就是热爱生活，唱歌就是多才多艺。

积极地表现出愿意为对方做事，例如，下雨送伞，感冒送药，出差送机，过节送礼。

过分地关注和用心，例如，对方的每一条朋友圈下面都有你的评论或点赞，跟对方聊天时说到任何芝麻大小的事，你这边的反应都是大惊小怪，煞有介事。

对方的行为：对方基本上什么都没做。

也就是说，过分巴结奉承时所有付出都是单向的。

如果对方有回应，你跪她也跪，你舔她也舔，这就不叫过分了。

执着于这种行为的男士相当一部分源于对对方态度的迟钝和麻木，也就是说他们只想着自己的目标，却忽视了对方的冷淡态度。另外还有一小部分男士虽然意识到对方的冷漠，但他们把这种单向付出的行为当做改变对方的一种方法，试图通过持续示好，有一天能够"感动女神"。不管怎样，让我们先弄明白其中的定义，搞清楚自己的行为算不算过分。至于这么做有没有用处，实践出真知，现实自然会用血淋淋的结果教育各位。这么做的男人在女人眼中是低价值且不值得重视的，因此也就不值得被选择，他们注定是恋爱的失败者。

即使知道这么做没有好结果，但只要遇到他们喜欢的女人，很多男人还是会不由自主去这么干。

总之，这种行为的特征是"热脸贴冷屁股"。喜欢这么做的男人骨子里认为追求就是不平等的行为，因此交往时仰视对方也理所应当。

不平等，是这种做法的关键。

平等包括人格平等、机会平等、权利平等三个方面，人际交往中的平等主要集中在人格平等。所谓人格平等，最关键是指交往中的彼此应该相互尊重。

平等是人类社会的终极理想之一，但只要现实中还存在资源竞争，不平等就一直会存在。同理，在择偶行为中，优质性资源从来都是竞争目标，因此不平等也会一直存在于两性关系中。

当绝对的平等不能实现时，我们可以追求相对的平等，也就是在一定范围内的平等，比如交流过程中的平等。

因为交流的目的主要是为了做事，而平等交流则是能把事情做好的最有效率的方式。

这一点在工作关系中体现得尤其明显。

回到男女关系中，在追求阶段，交流的目标还不是特别明显，但是平等的交流方式却依然可以体现一个男人做事的素质。并且一旦双方进入长期关系，交流的大部分目的确实也就切换到了做事的方向，因此追求阶段的交流过程同样应该保持平等的方式。

比如，你想跟一个大佬进行合作，这个世界上愿意跟大佬合作的人多，愿意跟你合作的人少，大佬就是稀缺资源，就是比你重要的人物。你想合作，低头去找大佬，这完全是天经地义的。

可一旦合作开始，合作的目的不是让大佬把他的资源分给你，而是你们一起去获取外界的资源，这个过程就是做事。做事时效率第一，聪明人之间不用时刻计较高低，平等的意义就显现出来。

男女交往其实与此同理，你想认识女孩，只有主动去接触。

而跟美女交往的目的，尤其是针对长期关系时，其实就是双方在生活上进行一系列的合作，一起去面向外界解决问题，这个过程同样是在做事，因此平等也同样重要。

反之，如果目的是短期关系，彼此从对方身上获取利益，这时平等确实也就不重要了。

女性择偶很少是为了短期关系，因此明智的女性选择男人时都会下意识地倾向于那些表现出平等素质的追求者，只有任性到糊涂的女人才会选择奴才型的老公。

在争取到交流机会之前，你和对方在彼此眼中都只是一个抽象个体，你因为对方是稀缺资源而主动开启交流，对方也认为你因为不是稀缺资源才会主动上门，你们的了解仅此而已，彼此在对方眼中都不过是社交活动中的一个群体符号。可是一旦开始交流，你们就开始了凭借具体个性打交道的过程，这时候保持自我的尊严才成为有意义的事情。

以上这个原则不仅适用于男女关系，甚至可以伸延到日常生活中的人际交往。

想明白这些道理，你就会发现有些男性的恋爱生活真的是既可怜又可悲。他们平时生活在狭小的社交圈子里，任何需要跨出圈子的尝试，在他们看来都会伤害脆弱的自尊，因此当心仪对象擦肩而过之时，他们会找出各种各样的理由去逃避，本质上他们觉得这样做有失自己的男性尊严。然而一旦由于其他在他们看来不丢面子（相亲、网络、工作）的方式认识了喜欢的女性之后，他们在跟对方的交流之中又完全不顾基本平等，轻易就放弃作为男性的尊严，还认为这是追求过程的正常方式。有些男人在被拒绝之后继续死缠烂打，其实也是丢弃自尊的表现，并且甚至当事者自己都明白，因为有时候他们会以"为了你我连自尊都不要了，你看我多么爱你"为理由去说服对方……最终的结果就是被对方彻底鄙视，付出了自己的全部却招来心仪对象的无尽嫌弃。

追求时，开启交流的机会可以不平等；但一旦进入交流，在过程中一定要保持平等。

比如，搭讪就是跟对方主动开启交流的一种方式，作为男性，我们接受这个过程中可能出现的各种不平等。

可是一旦认识之后，双方作为"具体的人"进行交流，这时无需把性别差异时刻放在心上，也就是说应该平等交流。

很多男人恰恰把这两个部分搞反，在开启交流机会的时候他们特别在意平等，而一旦进入交流过程却心甘情愿、低三下四。

为什么说这是正确的理念？

在两性交往中，天然就存在"追求者"与"选择者"两个角色，作为追求者自然应该承担开启交流的责任，这其实与平等无关；当然，如果非要认为这是不平等，那么我们接受开启交流时的不平等。

以上原则也适用于其他社交关系，比如面对比自己地位高的人，或者有求于对方的人，应该接受开启交流时的不平等，比如你需要冒着被拒绝的可能放低姿态去拜访对方，但在交流过程中却应该不卑不亢，这样才是最好的方式。

有人会问，理想状态似乎如此，但真实生活中，如果我有求于对方，而对方就是一个在交流过程中非要高人一等的家伙该怎么办？

咱们可以根据有求于对方的是"长求"还是"短求"来选择。

如果是"短求"，也就是说一锤子买卖，那么你可以选择咬紧牙关放低姿态，一旦达到目的就转身走人，这样你是获益的。

但如果是"长求"，你就要清楚，跟这样的人打交道你永远会是吃亏的一方，所以应该趁早结束交往。

"长求"和"短求"同样也存在于男女交往中，也就是我们平时所说的"长期关系"和"短期关系"。要想获得健康的长期关系，就应该保持交流时的平等，我们不但自己要这样做，选择追求对象的时候也要用这个标准去衡量。

至于有个别女性就是习惯于在交流过程中居高临下，而男的又恰好是为了短期关系而愿意卑躬屈膝，那么，双方永远没有共赢的可能。

除了这种做法以外，还有没有让另一半开心的方法？这里首先要弄明白一个人际交往的基本原理——我们只可以确保通过某些行为让别人不开心，但永远无法确保通过某些行为让别人开心。有人说，投其所好就可以让对方开心。这样说虽然没错，但其实是转嫁了问题，用一种未知替代另一种未知，实际上并没有给出可操作的答案。因为要想知道对方需求，以及满足对方的需求，这是个同样难度的问题。反之，如果想让一个人不开心，不需要获得更多的信息，只要对对方"说出某些语言"或者"做出某些行为"，对方一定生气，而这，正是所谓的"可操作性"。至于让另一半开心的方法，原则只能是：不断提升自我——找到能欣赏你的另一半——真实表达自我——用你自己的开心去带动她（他）的开心。

重建平等：怎样才能不被牵着鼻子走

曾遇到一个求助，求助者是个在一线城市工作的高级白领，无意间在微信群里认识了一个附近县城工作的女孩，刚开始网聊几个月，后来线下见面。女孩样貌不错，男士一见钟情，更令男士魂不守舍的是，第二次见面时，女孩主动给男士一个拥抱……可是，女孩最多只允许男士亲吻脸蛋，再进一步的亲密行为就不让了。男士倒也理解，毕竟只是第二次见面，慢慢了解，来日方长。告别之后，男士给女孩发了表白长信，表示愿意认真相处，结果女孩拒绝了他，回答还是做普通朋友吧……

男士有点儿沮丧，但随后的日子里，女孩依旧主动联系男士，两人经常一聊微信就是几个小时，周末时女孩还会要求男士去县城陪她游泳。

男士重新燃起了希望，可是每当他要晋级关系时还是遭到拒绝，女孩始终只允许拉拉小手和亲亲脸蛋，剩下的无论是进一步身体亲昵还是确定情侣关系都不答应，搞得男士寝食难安。

陈述完情况后，这位男士反复念叨着一句话："她对我到底是怎么想的呢？"

遇到此类事情，我跟大众的思维角度有所不同。我发现大众喜欢从动机去探究对方——"她到底爱不爱我？""她是不是在耍我？""她到底是性格问题还是别有用心？"……而我习惯从关系的平衡角度去看待这类问题。

比如在这段关系当中，有一个事实非常明确，那就是女孩已经成为绝对控制者，而男士则由她摆布。女孩发来微信，男士马上放下手里的事情陪她聊；女孩要求男士陪伴，男士二话不说推掉其他安排赶过去。但是，每当男士提出恋爱中一个男人的正常要求时，女孩却一概拒绝。

所以，正确的处理原则应当是重建平等的关系。

具体说来分两步走。

第一步：适当拒绝，重建平等。

不再是只要她需要你了，你就无条件给予，你至少要有一半的比例拒绝她（拒绝不需要说出原因，解释就示弱了）。与此同时，你可以在另外一些时候主动给予她一些关心和关注，这样既不让她认为你冷酷无情，又让她觉得你不可捉摸。双方的权利重新分配，甚至你可能还多一点。

第二步：提出要求，转守为攻。

平衡建立之后，你开始主动向她提出你的需求。如果她满足你，关系稳步推进；如果她拒绝你，你就增加拒绝她的比例；如果她有时满足你有时拒绝你，你们的关系则维持现状。

应对方法就是这样，现在讲讲这么做的理由。

先回到大众思维。这种女孩到底是怎么想的？她的动机、意图是什么？她是情绪化还是耍心机？真正想搞清楚这些不是不可以，但会花费许多功夫，这是一件要核算成本的事情。比如，花几万块钱雇一个私家侦探去调查女孩的背景对你到底值不值？实际上，普通人不会这么费事，普通人愿意做的就是找个所谓有经验的人（比如情感专家）帮着判断一下。

可我恰恰认为，如果没有充分证据，在某些不那么紧急的时候，对一个人的动机或人品做判断就是一件多余的行为，倒不如找一个"能够把几种可能都覆盖的办法"更加实用。

比如上面所说的重建平等关系的建议。

如果她是单纯的情绪化，也就是所谓的"作女"（没有目的的反复无常，不是为了从别人那里谋取利益，纯粹就是自己瞎折腾），那么上面的办法可以强有力地约束这种女人，不给她们任性的空间。从结果上看，很多"作女"其实还挺喜欢这种能"管住自己"的男人，因为她们也不想自己的脾气总是这么不好，只是没有自控能力而已。

而如果她是居心叵测想要玩弄男人，想要放长线钓大鱼，那么上面的办法可以让她们看不到任何能够从你这里占到便宜的希望，从而让这种女人早早自觉撤离。

人是复杂的动物，之所以需要给同类贴标签，很多时候是因为情况紧急来不及慢慢了解的不得已选择，可一旦把这种判断方式作为一种生活常态，则又走入了另一个误区。所以我一向以为，除非情况危急，否则更好的原则应该是：通过平等的、开放式的相互接触去逐渐了解一个人，尤其当你要选择一个长期生活伴侣的时候更应如此。

而在聚会闲聊之时，我们总能看到有人仅凭一点星座血型的知识，就对另外一些他们从未见过的人和事情高谈阔论、妄下断言。说实话，这样的行为除了暴露一个人的浅薄与无知之外，还能说明，他们经常生活在不安当中，以至于把"贴标签"泛化为一种聊天习惯，应用于休闲娱乐当中。

对话气场：当喜欢的女孩说
"给你介绍个女朋友吧"

  很多年以前我们讨论过这个问题。当你喜欢的女孩突然对你说："给你介绍个女朋友吧……"（多数情况下是暗示你们之间没那种可能）你该如何应对？

  关于这个问题，网上有一些自作聪明的回答。比如："好啊，就给我介绍个像你这样的呗……"想出这个答案的人肯定以为这样既表达了对女生的好感，同时也表现了自己面对挑战的淡定。

  可是，这个回答完全没有生活实践，事实上你要这么回了，女生马上会说："放心吧，我的那个朋友比我还好呢……"（这时候你再坚持"我只要跟你一样的"就没劲了）

  然后呢，她真的会给你安排一次跟她朋友的见面，而她的那个朋友肯定比她要差，并且差得还不是一点半点，但你又能埋怨什么呢？好坏又没有绝对标准……

  你心里不服——为什么生活如此不浪漫？其实这件事非常遵循人际规律：她跟她朋友关系比跟你关系更近，所以她就会给她朋友介绍条件更好的男人（条件好得越多就显得她对朋友越够义气，只要别好到她想自己留着的程度）。

其实那些相亲市场上的媒人也是这样。因为每个人都想找个比自己更优秀的对象，所以在男女双方条件大致匹配的范围内，谁家跟媒人关系更近，媒人的天平就向谁家倾斜。

回到正题，当喜欢的女孩说："给你介绍个女朋友吧……"我们到底该如何回答呢？

多年以前我的回答是"我对媒婆更感兴趣"，但以我现在的心境来看，这个回答只是凑合，虽然有值得延展的内涵——既然女人可以爱上替追求者送花的快递，那么男人为什么不能喜欢帮闺蜜牵线的红娘呢？

但是这个逻辑有点儿绕，并且最大的问题还是咱们今天要说的重点——气场不够。

气场就是追求时你跟对方地位平等的感觉。我虽然不提倡男人要像所谓的"雄性领袖"那样时刻引领女人，但也不能像个面对女老师的小学生。

相亲的目的性很强，因此可以被介绍；但恋爱可是为了浪漫和爱情，成熟男人应该自己独立去完成这件事，怎么能让人介绍呢？尤其还是自己喜欢的姑娘，所以讨论这事都没必要，要从开始就拒绝，这就是气场。

但拒绝并不意味着一定就要说"不"，只要让对方意识到这是她自己也不愿接受的事情即可，正所谓己所不欲勿施于人。

基于这个思路，正确的回应就是"还是我来给你介绍吧"，然后你会发现，绝不会有女孩子接受这个建议，她们一定想都不想就说"不用了"。这时候这件事的不平等之处就清楚地呈现出来了：

既然她不愿意被你介绍对象，凭什么你就该被她介绍对象呢？

当然，把分析过程仔细写出来会显得很严肃很较真，实际操作中我们完全可以用一种轻松的态度和方式去表达，因为毕竟对方是在表达"婉拒"，所以我们表达的目的应该也是"婉拒对方的婉拒"，双方的气氛始终都是亲切友好、坦诚相待的。

把"还是我给你介绍吧"作为回应的中心思想，然后我们可以附加不同的话题方向。

比如：

"还是我给你介绍吧，女士优先，老爷们不着急。"

"我无所谓了，还是给你介绍吧，千万别太挑，搞得最后跟我一样……"（表面在自嘲，但如果有第二个回合，还可以表达我一直喜欢你。）

"还是我给你介绍吧，快说你喜欢什么样的？"

以上所有这些回答还有一个共同的好处，就是有可能把冲突引向想法交往，可以继续讨论男女差异和婚恋话题。而"好呀，就要你这样的"之类的回复，则仅仅只是情绪层面的回应。

所以跟女孩交往的时候，那些让我们觉得尴尬的时刻往往也是增进交流的机会，虽然一开始对方是态度表达（拒绝），但回应得当的话就可以升级为情绪交流甚至想法交流。

最后有人会问："万一她有男朋友呢？"这时候她要给我介绍对象该怎么回应？

可以说："那我可不放心，做媒人的怎么都得是结过婚有孩子的女人，你这点儿经验差远了……"（依然留出了想法交流的机会）

在细节中体现真诚

抢单分两个场景：朋友聚会和男女约会。

先说朋友聚会怎么抢单。

很多聚会时的抢单场面多少有点儿做作，有时候那场面能把邻桌吓得以为是在打架，可出于人情世故，大家又不得不硬着头皮去演戏。那么如何才能让这件无聊的社交变得有趣一些呢？

我们要看清"请客"的本质是什么。

我认为，请客的本质是让对方觉得"你在乎你们的关系"。

所以"反正这顿饭又没多少钱"是个低情商的理由，因为你在乎的不是你们的关系而是饭钱的多少。

美好的抢单场面可以是这样的：抢单的双方轮流说出各自"在乎你们关系的理由"。

你说"你比我年长，该我请"，对方说"这是我的地盘，必须我做东"，你再说"对呀，要是没你给指路，我连门在哪儿都不知道，所以这顿饭还是我来吧"……

就这样你一个理由我一个理由，大家谁也不否定对方的理由，只是轮番说出新的理由，最后只要谁的理由比对方多一个，谁就赢了，这顿饭就让他来请吧。

这样抢单，在一定程度上还把通常需要争到脸红脖子粗的体力运动，变成一个比拼大脑反应速度的智力游戏。

看到这里，有懒人会问："那有没有一些比较好的抢单理由呢？"我只能回答："对不起，没有现成的、放之四海可用的抢单理由。"因为好理由"贵在用心"，你要根据你和对方的实际交往说出你在乎这份关系的理由，每一个理由其实都是你对你们关系的认识。因此，所谓"高情商"，永远属于那些爱动脑子的人，我的工作只是给大家指出一个动脑子的方向。

再说男女约会怎么抢单。

通常，姑娘发出首轮抢单要求，或许是礼貌客气，或许是有好感，此刻我们无法确定是哪种原因，所以我们也要礼貌性地抢1~2次。但如果姑娘执意买单，礼貌客气的可能性就大大降低了，那么既然是有好感，就让她表达一下又有什么不好呢？

这么做的原因是在男女交往中，双方共同投入你来我往，会更有利于关系的发展。

另一种情况，如果姑娘要求 AA 制，则表示她目前不想让经济因素介入两人的交往之中。AA 制既不说明她对你有好感，也不说明她对你有恶感，只代表姑娘希望目前阶段能保持更轻松、更进退自如的关系。所以，只要姑娘提出 AA 制，我们应该立即答应，绝不抢单。

所以我的原则是，不要主动（包括明示或暗示）让女人请客，但如果女人真的愿意请我，我会欣然接受。

总结一下，朋友之间抢单应该通过各种理由表现"在乎你们关系"，但男女之间抢单就没必要再找借口了，因为男女关系是一种特别单纯的关系，有时候找理由反而容易破坏浪漫的气氛，让你跟她"变成哥们了"。所以，如果我想买单我就会说"还是我来吧"，如果姑娘执意抢单，我同样会直接说："好吧，这次你请，下次我来。"

没有平等和信任的奇葩约会

曾连续遇到两个奇葩的恋爱咨询,并且错误风格也高度相似,都属于"不作不死"的类型。在这里分享一下,不是为了猎奇,而是带着大家一起了解当事者荒唐行为背后的想法,或许可以让我们对两性关系有更进一步的认识。

案例一的男士跟女孩两年前曾是同事,一起出去玩过,还牵手打闹,有点小暧昧,后来没有及时晋级,女孩有了男朋友,也换了工作,两人一度中断联系。但男士一直默默关注着女孩的朋友圈,几个月前发现女孩恢复了单身,上个月又得知女孩马上要出国读书,才打算做最后一搏,放手追求一下,于是向我咨询方案。

听完情况陈述,我就隐约觉得这哥们有些不大对劲。既然如此喜欢一个女孩(能默默关注两年),却要等到最不合适的时候才付诸行动。我问他原因,他的解释支支吾吾,估计是在掩饰面子,我也就没再深究,心想从现在开始采取正确行动倒也未尝不可,于是给他提供了一个方案。

对于这种曾经有过交往,中间失联很久,目前又想继续追求的情况该怎么处理呢？

原则：一切重新开始。

无论之前是恋人关系还是好朋友关系，既然很久没有联系，那么一律回到认识关系起步。先微信问候，如果对方回应友好，就约出来见面，见面后就可以随机应变了。

和陌生认识关系的区别是，虽然也不可以越级，但升级过程有可能因为曾经有过交往而变得更快。

这是我们的第一次咨询，半个月后，男士又找我进行了第二次咨询，我才得知事情发生了预想不到的变化，经过是这样的：

按照第一次咨询的建议，男士跟女孩开始了微信互动，女孩反应良好，私聊两次之后就顺利约出来见面了。首次约会的感觉也不错，两人相约几天之后一起去看展览。

到了第二次约会这天，男士在出发去接女孩的路上，脑子里突然冒出一个念头：眼前的一切似乎太顺利了，要注意别一不留神成为所谓的老好人，谈恋爱不能总是单方面付出，也应该让对方有所投入。于是他给女孩发微信，说自己是饿着肚子匆忙出门的，因为一会儿要直接看展览，为了抓紧时间，问女孩能不能给他带点吃的。女孩回复家里没有吃的，但答应给他叫个汉堡外卖带过来。

到了女孩家楼下，女孩没有及时出现（也许在等外卖？），楼下不许长时间停车，男士觉得就这么傻等下去太没有尊严了，就给女孩发了一条语气生硬的语音，大概内容是我已经到了，这里不让停车，违者罚款，请你尽量快一些。

十分钟后女孩到了，打开车门把一个汉堡投掷进来，同时撂下一句"你自己去看展览吧"，然后扭头就走了。

男士一下就傻眼了，但也没下车追上去（也许还在顾忌不许停车，虽然这是唯一可能挽回的机会）。他把车开到女孩家附近的一个咖啡厅，怀着沉重的心情吃完那个汉堡，然后给女孩打电话，女孩不接，然后又发微信道歉，女孩也没回，第二次约会就这样夭折了。男士回家之后等了两天，女孩还是没理他，于是才跟我预约了第二次咨询，只问两件事情：第一，他想不通女孩为什么生这么大气；第二，还有没有补救措施。

顺便多说一句，当事者是个帅哥，说话声音还挺有磁性，我猜他多数时候都能给异性留下不错的第一印象。

以上是第一个案例。接下来第二个案例中的男士条件更好，不仅形象好，还是个已经财务自由的资深海归，但是情况却一样奇葩。

由于他年轻有为，朋友们给他介绍了一个条件同样不错的女海归，两人先加了微信，可能是惺惺相惜的缘故吧，开始时双方的态度都特别积极。微信交流了半个月，男士正好回国，于是顺理成章相约见面。想不到的是，由于男士极其错误的邀约方式，导致两个人的交往还没有见面就画上了句号。

以下经过是邀约失败后男士前来咨询时的陈述。

男士说：我这周日可以，你行吗？

女士回：我可以。

男士又说：好的，我尽量争取这周末，下周五、下周日你也可以吗？

女士回：下周再说吧……

男士又说：你的意思是，这周日你有时间，下周的话得再定，对吗？

女士回：嗯。

过了两天。

男士又说：你这周六晚上可以吗？我周六有充分时间。（各位注意，之前他约的是周日！）

女士回：也行啊，你之前说要约这周末，所以我这周末都没安排。

然后，到了周六，上午和中午男士一直没动静。

下午三点。

女孩主动问：还是没法确定时间吗？

男士回：不好意思，家里有亲戚来看我，八点半才能结束，到时候你还方便吗？（我在咨询时得知，男士其实是刻意让约会晚些开始，目的是想有更浪漫的气氛。）

女孩回：不太方便，你先忙吧。

男士答：好的，那明天八点，你方便吗？如果你方便的话，我就预定明天的餐厅……

女孩回：不方便，我其实觉得不是很有必要见面，不用费心了。

这时候男士才发现把事情搞砸了，于是找我咨询，也是只问两件事情：第一，他想不通女孩为什么生这么大气；第二，还有没有补救措施。

如果只是遇到其中一个案例，我可能都懒得写出来，但一周之内见到两次这么相似的奇葩事情，让我产生了不吐不快的冲动。

说句不客气的话，站在女性的角度，把这两位男士直接定义为傻子就可以翻篇了。但我作为咨询师，却需要站在当事人的角度，了解到这些奇葩行为背后的想法。我相信，只有理清这些想法，才可以真正帮助他们，也才能降低两性交往中的冲突和误会。

当我向两位男士细心解释女孩的心理活动时，他们都表达了类似的困惑：我和她既然目前不是情侣，那就应该算是朋友吧……这些事情在朋友之间不正常吗？我空着肚子去找她，她帮我带点吃的；我们打算见面，商量个彼此方便的时间……再说，就算我做得不合适，她也不至于生这么大的气，以后都不交往了吧，朋友之间不是应该互相谅解吗？

话说这样的追问还真的让我一时语塞，这是促使我讨论这个话题的另一个动力，我喜欢想明白那些原本想不通的事情。

并且这也是很多直男在两性交往中能变着花样犯错误的原因，当他们认识不到问题的本质时，他们总能够给自己的荒唐行为找出"合理"的理由。因此，想要有效地避免犯错，仅靠死记硬背各种不该做的事情，组织一个庞大的数据库，必然是不合理的。直男更需要有逻辑关系的道理。

所以，这两个案例所涉及的道理或许可以这样表述——作为追女孩的一种技巧，我们经常提到要以朋友的心态去跟对方交往，具体说来就是，以朋友的标准向女孩付出，但不能以朋友的标准向女孩索取。

在案例一当中，男士开车去接女孩看展览，这属于朋友标准的付出。但"让对方给自己买吃的，以及催促对方快点下楼"这些行为，如果要求生活中的朋友或许可以，但是要求正在追求的女孩就是错误的，并且非常容易令女孩反感。

可能有读者会问，为什么在追求时男性只能付出不能索取？道理其实很简单：因为追求一旦成功，女性在关系的后期会有巨大的付出（怀孕和分娩），所以在关系的前期，男性需要多做付出。这是天经地义的事情，并且自古以来男女之间就是这样的关系。

分清"付出"和"索取"，可以帮助我们更好地理解什么是关系中的"投入"。我们都知道，关系中的任何一方有了"投入"，他/她也才会更在乎这段关系，但是"投入"应该是当事者主动发起的行为，比如"我要请你吃饭"。如果通过"索取"让对方"投入"，比如"你来请我吃饭吧"，这就完全达不到目的，并且还可能破坏关系。

当然，在某些特殊情况下可以"索取"。比如对方欠了你一个特别大的人情，正不知该如何感谢你，你出于减轻对方压力的目的，让对方"请吃顿饭就行了"，但这个玩笑的背后实际上还是我们在付出。

所以在追求过程中，男性主动付出以及多做付出完全是应该的。作为一种人际交往技巧，应该根据你们的关系程度控制你的付出标准，而"老好人"的错误是付出总是"超标"。

根据以上这番解释，大家应该可以理解，如果说案例一中的男士属于自己付出了，却又去索取的错误，那么案例二中的男士就是只去索取却不做任何付出，所以他的错误更加严重。这种行为别说追女孩会导致失败，放在正常朋友之间也随时可以破坏友谊。

最后再聊一聊补救机会吧。

作为第一个案例，如果男士只做了"要求买吃的"和"要求快下楼"其中的一件事，其实都不至于让女孩跟他翻脸，可不幸的是他两件事一起都干了。但即使这样，如果他当时冲出汽车，拉住女孩真诚道歉，或许也有两分可能。

不过事已至此，基本就没什么补救的可能了。

作为第二个案例，挽回的难度相当于你向一个陌生人脸上先吐了口唾沫，然后问能不能跟他借钱……

走出破冰第一步：
积极主动，真诚友好

真诚比神秘感更有效

我们来讨论个小问题：主动接触过后多久应该发第一条微信？

先说答案——越快越好。

早到什么程度？拜拜之后十分钟第一条微信就可以追过去了。

如果对方没回应或者回应不积极怎么办？如果没回应当然就别再发了。如果回应不积极咱就礼貌回复一下，然后也别继续发了。

当然，如果回应积极的话就一直聊下去，聊个天昏地暗都没问题。

记住我倡导的理念——积极主动但不死缠烂打，既不错过对我们感兴趣的女孩，也不打扰对我们没兴趣的女孩。

为什么主动接触后第一条微信要越快越好？

最最主要的原因——时代变了。

曾经，2018年以前，我们还是这么教的：跟女孩认识之后的第一条微信发出时间——从第一次聊过之后十分钟到三天之内的任何时间都可以（大半夜除外）。

理由是：三天之内早些联系和晚些联系各有利弊。早联系的好处是你们有刚刚认识的交流惯性，对方容易跟你聊下去，坏处是过多暴露你对对方的兴趣，失去了你的神秘感；晚联系的好处是克制你对对方的兴趣，显得你有神秘感，坏处是对方有可能已经不在交流状态，同时还有可能觉得你接触了很多女孩，不是认真交往的人。

在 2018 年之前，这两种做法利弊效应此消彼长，最终效果其实不相上下。但是从 2019 年开始，越来越多的实践结果表明，早联系的好处多于晚联系。很多学员在 2~3 天以后跟主动接触的女孩第一次联系，结果要不就是对方礼貌回应一下但聊不下去，要不就是态度特别冷淡，最悲惨的就是发现已经被删除微信好友了。

为什么会这样呢？我能想到的一种解释是，现在大家的生活节奏越来越快，了解一个人的方式越来越多（虽然也许只是"自以为是的了解"，比如通过朋友圈），结果就是我们越来越不会有耐心去跟一个一无所知的陌生人慢慢交流了。

现在大部分女孩的心理是这样的：对于一个陌生男人，如果他恰好出现在了我的面前，那么顺便交流几句倒也无所谓。但如果他从空间和时间上都已经走出了我的生活轨道，再要"远距离"重新联系，这个社交成本一下子就提高了许多。除非三种可能：或者他给我留下了特别不一般的印象，或者他的朋友圈提供了特别丰富有趣的信息，或者我当时恰好特别无聊。

总之，线上沟通越来越便捷，生活节奏一旦加快，神秘感就成了奢侈品，一般人没机会扮演这种角色。

神秘感的作用是增加对方的期待，让对方认为这个人值得深入了解，但前提是对方的生活中缺少确定的高价值交往对象。也就是说，如果反正没有选择，那么我可以从那些模糊的对象开始慢慢了解，但如果我的生活中已经有了一些确定（即使这个确定只是一种假象）的高价值对象，我就不再费功夫去了解一个不确定的对象了。而现在的优秀女孩几乎每个人身边都有几个所谓的精英男士围着（甭管精英真假、甭管她喜不喜欢），这些追求者至少有一个作用，就是让女孩子不再愿意去了解其他陌生男人了。

曾经看了一篇文章，说到两性交往中"神秘感"和"真诚"两种表达方式的效果，其中一个有趣的地方是，心理学家在2013年的研究中表明"神秘感"在各项指标中都最受欢迎，而到了2019年的研究则发现"真诚"的效果更好。

对此我的理解是，两个结论其实都没错，变化的因素是时间。抛开道德正确，单从交流成本上看，**真诚就是更加快速直接地相互了解，而神秘感则要消耗当事者更多的时间和精力。**随着技术的发展，我们的生活方式也在不断变化，其核心都在指向降低人与人的社交成本，所以真诚越来越受到大家欢迎，而神秘感则越来越成为中看不中用的屠龙之技。

认识到了这个层面，同样我们也应该理解，所谓真诚的本质是简单和直接，也就是不说假话就好，而不是眼泪汪汪拖泥带水的一往情深，跟在人家屁股后面没完没了说真话。

时间到了2019年，新的一代已经完全是微信生态下长大的一群人，他们甚至都没使用过短信聊天，量变终于积累到了质变，因此我们感受到的谈恋爱追女孩的方式也逐渐跟过去不同。

交流三层次：
如何跟点头之交的朋友熟起来？

对于这个问题，如果是鸡汤式的回答，一般都会告诉你"朋友圈多多互动""有事互相帮忙"，或者"投其所好""礼尚往来"。但是今天咱们要从社交心理学的高度来解释这个问题。

首先要把问题本身明确：

什么是"点头之交"？"熟起来"又意味着什么？

在魔鬼聊天术的"交流三层次"理论中，可以很具体地找到"点头之交"的对应标准——礼貌程度的态度交流。"交流三层次"理论把人与人的交流分为"态度—情绪—想法"三个由浅入深的递进层级。

态度交流是人际之间最表层的交流，其意义就如同概念本身：只是表明态度，即"我跟你进行交流的意愿的程度"，从好到坏分为热情—友好—礼貌—敷衍—冷漠—恶毒。每一种程度对应不同的语言特征，下面举例说明。

比如，你问对方："五一节怎么过的？"

我们来看不同态度的回答。

热情（非常愿意交流）：把你带入回答的内容里，比如"跟家人去郊区自驾游了一圈，发现了一个很不错的地方，风景又好人又少，改天咱们可以约几个朋友一起再去，特别适合烧烤"。友好（比较愿意交流）：回答内容有细致的状态甚至还带有感受（但没有你的出现）。比如"带家人去郊区自驾游了一圈，发现了一个很不错的地方，风景又好人又少（状态），我都不想回来了（感受）"。礼貌（可以交流）：回答内容简洁，不多说。比如"跟家人自驾游了"。敷衍（能不交流就尽量不交流）：回答极其吝啬且没有实质内容。比如"还好""一般"。

冷漠（不交流）：不回复不搭理你。恶毒（警告你不要交流）：用谩骂和诅咒回应。比如"滚""别来烦我"。

而所谓"点头之交"的朋友，就是你们之间总是礼貌程度的态度交流，这也是生活中大多数的人际关系。至于为什么会这样？我猜也许是符合"能耗最低原则"。

态度交流的下一个层级就是情绪交流。情绪是一个人当下的真实状态，人有五种基本情绪：快乐、悲伤、厌恶、恐惧、愤怒。所谓情绪交流就是把自己此时此刻的真实状态暴露给对方。大多数情绪交流都在面对面时发生，能进行情绪交流通常就是关系不错的朋友了。所以有时好朋友之间反而不爱发微信，因为用文字表达情绪很累人，而退回到态度交流又会觉得别扭。

还是以你问"五一怎么过的"来举例，分析你对面这位好朋友的回应。

快乐情绪："一个意外惊喜，没想到北京郊区还有这么好的地方，你没去太可惜了！"眉飞色舞。愤怒情绪："别惹我，我现在想骂人，刚遇到一王八蛋……"怒目圆睁。悲伤情绪："在家……"话音未落，已经泪流满面了……

厌恶和恐惧通常针对更具体的场景，这里就不举例子了。

再往上一个层级——想法交流。想法交流就是深入细致地探讨观点、看法、行动、计划，可以进行想法交流且交流结果能够达成一致的往往才是真正的朋友，真正的朋友则意味着更深度的信任或协作。

而日常用语中的"熟起来"是一个模糊的概念，通常有两种标准：可以是酒肉朋友——吃吃喝喝有说有笑（情绪交流），也可以是真正的朋友——袒露心声进行合作（想法交流）。

到这里，我们花了一半篇幅把问题里的概念先讲清楚，接下来，"该怎么做"就会很清晰了。

从"点头之交"变成"熟起来"，我们该做的就是：自己先要主动从礼貌态度表达提高到友好态度或者热情态度表达，如果对方的回应也相应提升，就完成了友好或热情交流。之后我们再主动进行情绪表达，如果对方也有情绪回应，你们的关系就达到了情绪交流。再进一步我们应该主动表达自己的想法，如果对方对你的表达积极回应，并且也表达他自己的想法，而且你们的想法还常常能达成一致，这时候你们才算真正熟悉起来。

这里各位要谨记，能够获得什么样的人际关系是你和对方共同行为的结果，一个巴掌永远拍不响，对方不配合的话永远没办法。从我们自己这一方面来说，我们的意愿、意识和能力对双方关系的推进有着极大影响。我们有了想要熟起来的人，这就是意愿；"交流三层次"理论提供给大家的就是意识，也就是行动的方向；而行动的效果就是能力，能力不是知识，就像你读过了驾驶手册不等于就会开车，能力的获得需要训练。但是，即使你这方面具备了意愿、意识和能力，还需要对方至少也具备相应的意愿和能力。对方可以不需要意识，因为作为推动关系的主动方，咱们自己有意识就够了。

知道了流程，再讲讲各个环节的执行难度。从礼貌表达升级到友好和热情表达相对而言是最容易的，因为只要知道了什么是友好和热情表达特征，在说话时提醒自己照着去做就行。情绪表达不太容易，因为有很多因素阻碍自我暴露，比如面对上级时很多人会放不开，所谓放不开就是不敢释放自己的真实情绪。

不敢释放情绪又分两种情况：第一种是明明感知到自己的情绪却不敢暴露；第二种是因为紧张，情绪被压抑下去，自己都感知不到。

不暴露自己的情绪的原因大多数是不敢，还有少数是不愿。情绪表达虽然不太容易，但还可以借助一些工具（比如酒精）或者场景（做游戏）实现。

最难的就是想法交流了，因为这涉及一系列复杂的观点、逻辑、计划、行为的表达，并且最后还有个巨大的不确定性——即使你都说清楚了，还要看能不能跟对方达成一致。

所以并不是只要方法正确和能力足够，你就可以跟任何人都成为好朋友，真正的朋友永远是值得珍惜的。

最后，再用"交流三层次"理论来分析一下生活中常见的可以拉近关系的社交行为。

朋友圈互动：点赞属于礼貌态度表达，主要是让关系保持现状。评论有可能推动关系，前提是能达到情绪交流（比如开有趣的玩笑），或者想法交流（说出能跟对方达成一致的看法）。做游戏（剧本杀之类）：既有情绪交流，同时也有想法交流。吃饭喝酒：酒精的作用可以释放被压抑的情绪，让人快速进入情绪交流的状态，是全人类最常用的拉近关系的办法。一起做点"出格"的事（男性常见）：比如让那些平时内向羞涩的宅男往往能够快速熟起来，因为推动社交让男士们既可以有激动的情绪交流，还能有丰富的想法交流。一起"吐槽"（女性常见）：女性在遇到不顺心的时候，找朋友去倾诉一番苦水，其实也是通过负面情绪交流在拉近关系。男人太爱面子了，所以只能分享积极快乐的情绪。但有一种特殊的男性专属负面情绪——愤怒，有时也可以快速拉近关系，这就是常言所道——不打不成交。

最后总结两种常见的拉近关系的低效做法。第一种，在热情态度层级的过度执着。永远只是特别热情的人会让人感觉太客气或者见外，其实就是因为他们从来没有真实情绪的暴露。第二种，在情绪交流层级的过度执着。所谓酒肉朋友往往就是这样的人，在一起玩的时候嬉笑怒骂都不少，但是从来没有深入的想法交流，所以办正事的时候朋友不会想到他。同样的道理，单位里那些在酒桌上最活跃的同事并不会真正得到领导的信任。

所以，一切最终又回到真实自我这个原则上了。积极主动表达友好热情的态度，及时跟上自然的情绪暴露，然后再表达真实想法，最后如果恰好还遇到了跟你想法一致的人，那么很快就能成为真正的朋友，这比所谓的"投其所好"其实要有效率多了。

如何快速打开话题

我们都希望成为一个健谈的人，能跟任何人"打开话题"或者"聊起来"。但是，到底什么是"打开话题"和"聊起来"呢？把标准先说清楚或许才可以更好地解决问题。

"打开话题"或者"聊起来"意味着对话双方"至少一方愿意说，另一方愿意听"。

我们发现，有两种情况会"一方愿意说，另一方愿意听"。

第一种，双方彼此强烈吸引，这时即使最稀松平常的话题，也能聊得热火朝天，但这种情况对于我们获得打开话题的能力并无帮助。因为很多时候，等到强烈吸引消失了，双方才会发现彼此其实无话可说。

第二种，对话双方彼此并无特别的好感，纯粹是对交流的内容发生兴趣。这种情况下的"聊起来"才是我们研究的目标。

所以接下来让我们继续讨论，因为交流内容而"聊起来"时到底都在聊什么？

交流内容可以分为三种类型。

第一类：信息交流。

信息交流就是对事物或者事件的客观陈述。信息交流能够"聊起来"有两种常见情况：

1. 说话方具有某些特别的经历，这些经历本身就足以吸引听话方的兴趣，通俗说就是会讲故事。

2. 听话方需要了解某些方面的信息，而说话方不仅掌握这些信息并且还愿意分享，通俗说就是介绍情况。

第二类：情绪交流。

情绪就是我们当下的身心体验。情绪交流能够"聊起来"也分两种情况：

1. 对话双方都处于高能量并且相近的情绪之中，比如一群喝醉了的快乐男人，或者两个抱怨婚姻的悲愤女人。这种"聊起来"有个特点，看起来聊得不亦乐乎，但其实都在各说各的，也就是各自释放自己的情绪。

2. 对话双方一方有高能量的情绪想要释放，而另一方恰好愿意并且能够响应。这种"聊起来"也有个特点，就是另一方以倾听为主，并不需要多说什么。

第三类：看法交流。

看法即我们对事物或事件的思考过程和判断结论。

看法交流能够"聊起来"的情况就比较多样了：可以是看法一致（热烈讨论），也可以是看法不一致（激烈辩论）；可以是表达看法的结果，也可以是讨论看法的推导过程。

综上所述，信息交流对应客观事物、情绪交流对应身心体验、看法交流对应思维判断。 如果说"打开话题"意味着对交流内容产生兴趣，那么具体而言，可以是对信息有需要，可以是被情绪所感染，也可以是为看法而着迷。

在这三种交流类型中，特别的信息交流和高能量的情绪交流可遇不可求，并不是随时想有就有。相对而言，最不受制约的就是看法交流了，因为一个人即使在低能量的情绪下，也有可能对司空见惯的事物发表出独到的看法。

如果仔细回顾生活经验，我们就会发现，能够"打开"的话题往往都伴随着热烈的看法交流，这才是生活中最常见的"聊起来"的方式。即使那些没有受过多少教育的人，当他们"聊嗨"的时候，其实也在滔滔不绝发表自己的看法。

"看法表达"也是人体验存在感的一种方式，另外一种方式是"情绪释放"。并且两种"体验存在感"的方式往往交织在一起，情绪激动的人在慷慨陈词时常常是一边讲述事件一边表达看法。

看法是我们对事物或事件的判断，具体又分为价值判断和事实判断。价值判断和事实判断是英国学者休谟提出的，我发现把这些生涩的哲学概念用到沟通交流上非常好使。事实上，我们日常八卦的"张家长李家短"都是一系列价值判断和事实判断的组合，但具体解释起来比较繁琐，这里就先不多说了。

接下来继续讨论"如何打开话题"。

我发现：一个有趣的聊天常常包含了一些独特的看法表达，而一个能够"真正聊起来"的对话往往包含着真实看法的交流。

因此，那些不善聊天的人最根本的原因并不是缺少话题，而是他们不善于表达和交流看法。

而善于聊天既是一种思维的展示（表达独特看法），也是一种心态的体现（表达真实看法）。

当一个人从小缺乏表达独特看法的培养时，他长大后就不容易变得有趣；而当一个人从小缺乏表达真实看法的培养时，他长大后在生人面前就容易拘束。由于这两点恰恰被我们的学校教育所忽视，所以生活中才会有那么多"不会聊天"的人。

再来分析两个典型的生活场景：聚会和交友。

聚会：

按说一群人就某个话题各自发表不同看法是再好不过的聊天方式（所以剧本杀这样的游戏很受欢迎），但我们生活中的大部分聚会都不是这样。很多聚会都是少数活跃分子在讲段子，剩下的多数人当听众。因此，一个看上去热闹的聚会，实际上做听众的那部分人并不一定觉得有趣，因为他们没有真正参与进来。

为什么聚会时不能进行看法交流？是因为很多人都只习惯在自己熟悉的朋友面前表达看法，并且旁边还不能有生人。

交友：

我发现，交友现场很难聊起来的原因不仅在男人，也在女人。由于文化使然，东方女性比男性更不习惯在刚认识的异性（即使有好感）面前进行看法交流。不过一旦熟悉之后女人则非常能说，甚至达到唠唠叨叨的程度。

作为参照，我发现与外国女孩交往的情况经常是这样：她们要不就不搭理你，但如果搭理你的话，三言两句之后她们很快就会跟你进行关于各种事物的看法交流（即使你们没有男女之间的好感）。

由于"不习惯在生人面前表达看法"，所以跟害羞的东方女孩快速打开话题的一种方式也是"讲段子"，这跟上面说到的聚会交流很相似。

但说句心里话，我并不觉得"讲段子"能让大家真正获得"跟任何人都聊起来"的能力。

因为"讲段子"其实就是上面所说的三种交流内容中的前两种类型：信息交流和情绪交流。段子手往往有很多精彩故事并且经常处于情绪满满的状态。但是，这两点对于普通人来说并不容易实现，普通人不可能储备那么多精彩故事，并且也做不到随时都像个开心果。

相对而言，看法交流其实比较容易做到（只要克服了心理障碍），并且尤其值得一提的是，看法交流的能力可以培养和训练。

事实上，我们每个人从小都在看法表达的训练上花了很多时间，只不过训练的方向正好搞反了。在无数次跟着小学语文老师总结段落大意和中心思想的过程中，我们被训练表达的恰恰不是独特的角度，甚至都不是自己真实的看法。

可能跟大家预期不同，我这里并没有给出打开话题的方法和技巧，因为作为所有人都想获得的一种能力——会聊天以及成为社交高手，如果真的存在什么技巧的话，应该早就尽人皆知了。

我能够提供的只是打开话题的一些建议：

1. 不要在错误的道路上浪费时间。跟陌生人打开话题不靠讲精彩故事，更不要纠缠于平淡无奇的状态确认（干吗呢、吃了吗、睡了吗），而是应该进行看法交流。

2. 克服心理关，打破不敢在陌生人面前表达看法的自我约束，让交流快速进入有实质内容的阶段。

3. 跟不熟悉的人进行交流时，不要轻易表达对对方的看法和评价，而应该聊对第三方事物的看法或者是对自我的评价。

4. 想要聊天有趣就要表达出独特的看法，而不仅仅是人云亦云或者老生常谈的看法。好消息是，这种能力可以通过针对性的训练来获得。

总是找不到话题怎么办

我经常收到很多男士发给我的聊天截图，里面是他们跟想要追求的女孩的聊天记录，内容一看便知：男士不停尝试各种话题，但女孩只是礼貌客气地回应，甚至敷衍了事。

这种情况下，男人们脑子里想得最多的就是——究竟什么样的话题才能打破僵局？这种纠结有时候可以发展到一种可笑的地步，比如当一个男人连续三次，试图用"美食""健身"和"旅行"三个话题去破冰但均告失败之后，到了第四次，他会陷入一种极大的焦虑之中，用一个成语形容就是黔驴技穷，但是他依然不会死心，总想今天再找个什么合适的话题就能够扭转乾坤。

于是，他们苦思冥想甚至四处求助，就像输红了眼的赌徒在给自己不停打气——只要一次好运光顾，今天或许就可以翻身。

赌徒脑子里想的常常是："我的技术并不差，就是最近运气不好。"而追求受挫的男士下意识的思维是："女孩对我这个人并不排斥，只是我们暂时还没找到合适的话题。"

情况真的是这样吗？

站在旁观者的位置，傻瓜都能一眼看清事实：一个女孩如果三番五次对你的主动示好都没有积极回应，那么只能说明一件事：目前阶段，人家对你没兴趣。记住，不是对你的话题没兴趣，而是对你这个人没兴趣。

当然男人们也不必太过悲观，没兴趣不一定就等于讨厌，只是说目前阶段对方没把注意力放在你的身上。不排除有些时候，即使我们没做任何改变，仅仅是暂停一段时间然后再去联系，女孩也许会对你重新表现出兴趣——你和她又能聊起来了。

因此说到打不开话题这件事，我们首先要认清一件事：话题究竟是什么？在追求过程中，只有极个别的情况下，话题才会是双方真正打算交流的内容；而多数时候，话题的主要作用就是一点：传递你们对彼此的兴趣——你告诉她"我又思念你了，想要跟你聊一会儿"，以及她对你的兴趣的回应："知道你又想我了，那就聊一会儿呗～"（或者"知道你又想我了，但和我有什么关系～"）

作为一个男人咱们可以扪心自问，你真的是因为对"美食"（或"健身"或"旅行"）充满表达欲和分享欲，压在胸口不吐不快，所以才找心仪的女孩聊天的吗？非也，你是因为对心仪的女孩本人感兴趣，所以才跟她聊这些"你以为她会感兴趣"的话题。被欲望左右的男人是最没原则的动物，只要是心仪的女孩愿意聊的话题，哪怕这个男人对此毫无兴趣，他们也会努力做出兴致勃勃的样子，其忍辱负重的程度完全取决于他们有多么渴望得到对方的关注。

这本是人性，但被欲望冲昏头脑的当事者却会自欺欺人。他们自己是出于对对方有兴趣因而才对话题有兴趣，但他们却不愿承认对方对他们的话题没兴趣是因为对他们本身没兴趣。

从这个角度看，有这种话题焦虑的男人还真没有把心仪的女孩当人。只不过他们时而仰望对方，时而又物化对方，可能焦虑的本质也就是源于这种矛盾吧。

真正懂得平等的人是不会焦虑的。

其实女孩也是根据对异性的兴趣来决定对话题的兴趣的，同一话题由不同对象说出的效果完全不同。比如"做什么呢"，被自己喜欢的男人这么问，她会觉得对方意味深长；被自己讨厌的男人这么问，她会觉得对方死皮赖脸；被自己既不喜欢也不讨厌的男人这么问，她会有小小的满足以及淡淡的无聊，礼貌客气几个回合就得了。

所以结论就是：能不能聊得来跟选择什么话题基本没有关系（但跟聊天能力有关系，这个咱们稍后解释。）

可能有人会反驳——不对呀，确实有些时候，换了话题就跟心仪的女孩热火朝天地聊起来了，这该怎么解释？

很简单，把上面的话再仔细阅读一遍——"有些时候，换了话题就跟心仪的女孩热火朝天地聊起来了。"请注意：重点不在"换了话题"而在"有些时候"。

反之，如果在"同一时间不断切换话题"，就几乎不会发生这样的情况——即第一个话题对方还是爱答不理，第二个话题一上，对方立即侃侃而谈。

从爱答不理到侃侃而谈总会有时间上的间隔，至少以天为单位。

再把上文的一句话重复一遍——

一个女孩如果三番五次对你的主动示好反应全都不积极，那么只能说明一件事：目前阶段，人家对你没兴趣。

这句话里有个菜鸟们经常忽略的信息点：目前阶段。

人的态度、情绪、想法都会随着时间变化，并且影响变化的因素还常常不可预知，所以很多时候，不是换了话题才打开了局面，而仅仅可能是时过境迁，心仪的女孩自身的状态发生了积极变化。这就类似于有些疾病，我们无法判断到底是药物的作用使之痊愈，还是随着时间的流逝，身体的免疫力导致了自然修复。

在这种"不可知以及不确定"的状态下，我们能够做的就是"不犯错"。比如说，不要聊女孩明显厌恶的话题。能够做到这点，就没必要再挖空心思去琢磨女孩感兴趣的话题了。

这背后联系着这样一条社交定理：你无法确保做了什么之后就让对方一定喜欢你，但你可以确保做了什么之后就让对方一定不喜欢你。

因此，社交时我们只要避免那些必然会得罪对方的行为就够了，剩下的部分顺其自然才是最好的方式，人与人之间友谊和爱情的可贵之处恰恰也来自这里。

下面讲讲"跟心仪的女孩打不开话题时"该如何正确操作。

正确操作的前提是你不会开口就伤人，不会去聊对方明显厌恶的话题。如果你连以上这些问题还没解决，最好先去提高一下自己的情商。

当你具备了正常的交流能力之后，只要做到以下几点即可。

第一点：

开启话题的目的不是培养对方对你的兴趣，而是测试对方此刻在不在交流状态。因此每次聊天的时候，不用纠结对方是否对这个话题感兴趣，随便找个话题都可以开聊，对方在状态的话，自然会积极回应。

第二点：

如果对方没有积极回应，说明对方此刻不在状态。不在状态怎么办？当时就不要继续尬聊了，过几天换个话题再试试。

第三点：

如果连续几次对方都不在状态，说明什么？说明对方目前对你这个人不感兴趣，这时你可以有两种选择：放弃目标或者改做长线。改做长线的意思就是降低联系频率，从目前的几天一次变为几周一次甚至几个月一次。改做长线能翻盘的机会取决于届时你跟对方社交价值的匹配度。

而多数时候，放弃目标才是理性选择，但世界上所有执着的追求本质上都基于追求者认为自己配得上被追求者，这一点人类永远无法做到实事求是。

最后总结几句：

凡事都分好中差，人的聊天能力也可以分为优秀、普通和糟糕三种。

能不能聊得来与话题无关，但跟交流能力有很大关系。

具体来说：对方愿不愿聊天的初始态度主要取决于她当时自身的状态，与话题无关，与你的交流能力也无关。

在对方此刻愿意聊天的情况下，能不能聊得下去主要就看你的交流能力了。这时候，优秀的能力能够让交流变得更精彩（精彩交流可以加速关系升级），普通的能力至少可以让聊天顺利进行，而糟糕的能力会导致即使有好机会也把握不住。

也就是说，当对方不愿意交流的时候，任何人以及任何话题都无法破解困境；而当对方愿意交流的时候，优秀交流能力和普通交流能力的人随便用什么话题都可以让聊天继续下去，但糟糕交流能力的人依然是任何话题都聊不起来。

所谓"如何用话题去破冰"，其实就是多数人在陷入追求困境时，一厢情愿设定的一个解决问题的幻象。即使很多具备优秀聊天能力的人都会产生这种错误想法，就更别说那些只具备普通聊天能力以及糟糕聊天能力的人了。**总之，对两性交往缺乏正确的认识，是所有人在爱情之路上会迷失的原因。**

这种错误想法导致的问题就是：在聊不来的时候，男人会本能去寻找下一个话题，永远不知道应该适可而止，并且，越是在乎的对象他们就越停不下来；结果就是让女孩的态度从"友好礼貌"变成"敷衍冷漠"，这也正是所谓的"越喜欢越追不上"的原因。

为什么你被她拉黑

有一个求助，对方发给我一段聊天记录，说自己被已经约会过两次的女孩突然拉黑了。这位男士又伤心又气愤又想不通：伤心是因为自己很喜欢这个女孩，气愤是因为觉得女孩看不起自己，想不通是因为之前的约会还算顺利，而且拉黑当天大部分聊天内容也挺和谐，可问题就出在提出邀约之后。

恋爱交往中，如果被追求对象给拉黑，通常是你的言行极度冒犯了人家，但这肯定不是你的本意，所以被拉黑绝对是不会沟通的最佳范例（你得

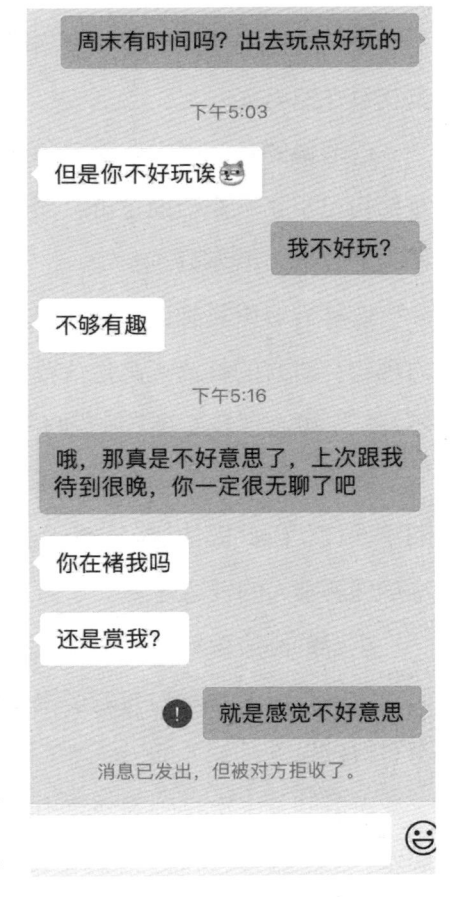

罪了你最不想得罪的人）。下面我们就一起分析一下。

据男士说，提出邀约之前，他跟女孩在那天下午已经聊了好多个回合，看气氛不错他才建议出来见面。

女孩的回应是："但是你不好玩诶（表情符号）。"

通过回复中出现的"诶+（表情符号）"可以判断女孩在表达友好态度。所谓友好态度就是说"对方愿意跟你（就你不好玩这个话题）继续交流"，而不是"因为你不好玩"所以"我不想再跟你多说了"。

再结合之前两人聊得还算不错，因此可以认为女孩说这句话其实是在逗男孩。

但遗憾的是，男士到这里的理解就发生偏差了，他认为女孩是给自己下了一个负面评价，而他的本能是拒绝接受，因此下意识的回应是："我不好玩？"

这种看似重复确认的疑问句其实表达了否定态度，传递到对方那边，对方的解读通常是"我怎么会不好玩呢"或者"我哪里不好玩"或者"我没有不好玩呀"……

发生这种误解的一个常见原因是，男士心中本来就存在严重的不自信，因此即使遇到玩笑也会立即激发自我防御，从而不能准确理解别人的表达意图。

正确的回应思路是：按《魔鬼聊天术》里的趣聊法则，即认可对方的判断+顺着对方的逻辑在有利自己的方向上延伸+夸张至有趣效果。

可以回：上次是刚刚恢复出厂设置，要不要试试本周的更新版本？

通过比喻转移负面评价，是化解尴尬的一种沟通技巧。

但可惜这只是马后炮，我们还是回到悲剧现场。

对于男士的防御式回应"我不好玩"，女孩接下来的回复简短而下切："不够有趣。"

回复简短说明女孩的态度已经从愿意交流往不愿交流转变了，但下切表明女孩还是想把自己的意思表达得再准确一些，以免男孩误会。

"不够有趣"是说"你只是不够有趣而已"，但并不包括对"你整个人"以及"咱们关系"的否定。事实上这位男士的外形相当不错，而且还带有一点憨憨的可爱，这可能就是前两次约会顺利的原因。

从女孩的第二句回复可以看出，虽然女孩的心情受到了一点小小的打击，但还是希望交流能回到正轨。

但无可挽回的悲剧在接下来迅速发生，男孩回应："哦，那真是不好意思了，上次跟我待到很晚，你一定很无聊了吧？"

我想说，这位男士应该是《魔鬼聊天术》的忠实读者，此处他引用了我在书中的一个案例回复，但遗憾的是他用错地方了。这句话（……你一定很无聊了吧）的正确使用条件是当女孩说"对不起，咱们不合适"，也就是对方在明确拒绝你，或者全面否定两人的关系时，我们才应该使用的回复。

可对于这个案例，我们刚刚分析过，女孩并没有否定全部，人家只是说你"不够有趣而已"，并且你们的上两次约会并没有无聊，所以这句"你一定很无聊吧"就带有明显怼人的意思了。

正确的回应依然是"接受 + 伸延 + 夸张"——既然女孩说咱不够有趣，那么不妨这样回复："终于了解一直单身的原因了，像我这样的先天无趣型只有靠×××（女孩的名字）君多多关照了，拜托了！（配几个作揖的表情）"。如果女孩接下来友好回应，下一个回合就可以约日本料理了。

但是，一切都晚了。

女孩怒回："你在褚我吗？还是赏我？"

这里"褚"和"赏"也许是方言，也许是错别字，因此我只能猜测女孩是要表达："你说跟我待到那么晚，是为了堵我说的话，还是在暗示对我的赏赐？"

但不论女孩的本意是什么，她此刻的情绪一定是愤怒加厌恶，并且下一个拉黑动作确定了事情的结局。

以上就是一个典型的失败沟通案例，经过几个回合南辕北辙的错误交流之后，女孩认定对方是个不能理解别人的善意，并且只会自我防御和攻击外界的小肚鸡肠的男人，所以一段原本可以发展的关系就这么夭折了。

当然，如果站在客观中立的立场，女孩自己也存在表达不清、缺乏耐心、情绪暴躁的问题。但今天的讨论内容是沟通，一个刁钻的对象反而给咱们提供了一次高难度级别的场景演练，如果这样的困难都能搞定，那以后应对日常交流就更加轻松自如了。所以，选择生活伴侣，我们要注重平等和公平；提高沟通能力，我们要严以律己宽以待人。

同时，想成为一个沟通高手，除了提高语言能力之外，还要有心态上的控制把握，那就是：在不能确定对方的意图之时尽量不往负面去理解，以积极阳光的态度响应对方当下的表达，而不要被自己想象中可能暗藏的否定和拒绝所影响。

总结为一句话就是——在方法上理性客观，在心态上感性乐观。

在与异性交往中，很多男士都会掉进一招一式的陷阱，比如女孩说了这句我该怎么接、女孩问了那句我该如何回。但实际上，如果你缺乏对两性关系的正确观念、对成功失败的豁达态度、对内在自我的清醒认识，那么即使学到一两句精彩回复，既无助于提高你的社交能力，也做不到改善你的人际关系。因为沟通是综合素质的体现，是之前我们讨论过的所有主题（发微信、见面交谈、情商、心态）的全面实践。

对你友好不一定是对你有意思

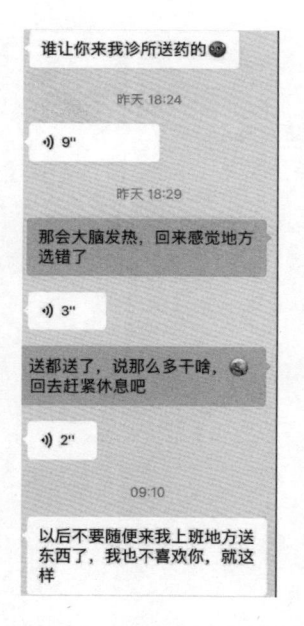

有这样一个求助，当事者发来一段他与女孩的对话，同时询问助理"女孩主动发这，是啥意思"。不由得让我想多说几句。

因为在我的指导工作中几乎每个月都会遇到类似问题，简直可以说是男人的周期性苦恼了，所以今天咱们试试看能不能一次性彻底解决。

凡是熟悉"魔鬼约会学"的朋友都能很容易地看出，求助的男孩犯的是"越级错误"，但对于没有经验的恋爱小白来说，他们中的很多人并没有耐心来学习两性交往的知识，他们只关心一件事——我该怎么办？

结果呢，他们就像扑向火苗的飞蛾，不见棺材不落泪，蜡炬成灰泪始干。

大家请注意，凡是此类遭遇拒绝的时候，男人情急之下，特别爱表达的一个句式就是"她是什么意思"或者"她到底是怎么想的"。

多年的咨询经验让我几乎可以想象出接下来的对话。

这时候，如果我们以旁观者的身份客观回答："人家说得很明白，就是不喜欢你，就是让你别再打扰她呗。"这个男人一定会说："不对呀，之前她对我还挺热情挺友好呢。"

这时如果我们继续解释"人家是把你当普通朋友呀，对朋友热情友好是人之常情嘛。"那么男人就会接着辩解："可她明明知道我喜欢她，知道我在追求她呀。"

也就是说，这些恋爱小白有一个根深蒂固的观念：只要知道我喜欢她，并且还能跟我友好相处的女孩，自然对我也是有点意思的。

按照他们这种想法，那么当女孩生病或者有困难的时候，自己至少应该像个准男友一样有所作为。但行动之后的结果往往是，对方非但不领情，反而下驱逐令，这就让他们彻底糊涂了。

所以问题的关键其实不是女孩的话是什么意思，而是——男人真正想表达的是什么。

答案就是，这个男孩其实要表达的是："她应该是对我有意思的，可为什么又要拒绝我呢？"或者说："这女孩为什么表里不一？"

关于这种情况，我还真的向很多女性朋友做了调查。

一部分女孩是真的没看出来男人对自己有意思，她们就是习惯性地以热情友好态度待人接物；另一部分女孩虽然看出来这个男人对自己有意思，但她们认为，只要对方还没做出超越正常朋友的行为，那就还应该按正常朋友的方式相处，等到对方做了超出正常朋友的行为，比如来给我送药，我再拒绝他不迟。

所以，这其实是一个男女交往的基本常识：女孩对追求者热情友好不一定就等于对这个人有意思，当然，也不一定就对这个人没意思。总之，热情友好从来不是有意思的指标。

对于有的追求者，女孩生病了，他去送药，一段恋情可能就水到渠成了。

但对于另外一些追求者，女孩生病，他去送药，结果却连朋友都没得做。

所以，所谓恋爱追求这件事，如果非说有什么技巧，那么准确看出对方对咱有没有兴趣算是其中之一，但那包含着一系列的判断方法，具体怎么操作就不是这一节的内容了。

而一旦发生了错误判断，并且做出了越级行为，基本也就意味着再没追求机会了，所以小幅试错是追求中一个非常重要的原则。但遗憾的是，很多人并不明白这个道理，遇到情况时他们总想一步到位，并且在内心坚定地认为：她知道我喜欢她还没躲着我，那就是对我有意思。

比如，这个案例过后几天我们又收到了当事者的求助："还是上次那个女孩，昨天我发了，她没回，但今天是她生日，我该怎么办。"——还想着怎么给女孩过生日呢。

所谓"发了"，指的却是他针对上次事情之后发给女孩的自言自语式的道歉："那天应该很尴尬吧""真心为那天没有站在你的角度去考虑你的感受而道歉……"这也难怪女孩不再回复了。

恋爱是门社交学问，早早学习，不但有助于你追到意中人，而且也能间接指导你的为人处世；当然，不去学习的话，生活也会慢慢教育你成长。

直男聊天解析

跟女孩聊微信，很多男士没有章法，聊天时要么就一筹莫展，要么就胡说八道。还有些男士，平时跟人交流没有问题，可一旦遇到心动对象，表达就开始犯各种错误。

有没有方法可以让他们在心动的姑娘那里正常发挥呢？跟女孩在微信上怎么建立联系、拉近关系，又如何打开话题活跃气氛呢？

这一节不是告诉你聊什么话题管用。事实上这类问题的解决之道从来都不是依靠话题，但外行人总是从直觉上这么认为，觉得话题对了一切就迎刃而解，这种想法如同一个烂导演以为只要有了一个好故事就能拍出一部好电影一样可笑。这一节会从一个新的角度给各位提供一个可操作的流程，我甚至觉得这个方法将来写在人工智能的程序里都未尝不可。不过在阅读这一节之前你需要先了解我以前文章的几个知识点：

1."三三法则"（《魔鬼约会学》）。

2."交流三层次"（态度、情绪、想法）的理论（《魔鬼聊天术》）。

3."魔趣法则"（《魔鬼聊天术》）。

虽然这节标题是"直男聊天指南",但实际上讲的是正经的方法论,甚至有点儿费脑筋,绝非网络上拿直男取乐的文章。

在进入正题之前,咱们要再讲讲态度、情绪、想法三者的关系。

先看一个常见的菜鸟问题:想和女孩主动交流,但对方不说话该怎么办?

在菜鸟的眼中,对方似乎只有说话和不说话这两个选项,实际上,同样是不说话的姑娘,也可以有不同的态度。咱们要先把态度看清了,才可以解决接下来的问题。

所以这个问题的答案应该是——如果女孩是礼貌或友好的态度,"不说话"就可以"破";但如果女孩是敷衍或冷漠的态度,"不说话"就没法"破"。

接下来,按照魔鬼聊天术的"交流三层次"理论,在一个人的态度背后还有他的情绪和想法。

只有对方先有了友好态度,我们才有机会了解和响应他的情绪,也才有机会进一步了解他的想法。而如果对方对咱们连起码的礼貌态度都没有,我们就很难了解他的真实情绪,或者即使了解了人家也不会跟你有情绪互动,更别提继续交流想法。

情绪和想法都是当事者自己的事情,甚至有些时候有些人还会掩饰着不让别人知道,而态度则是当事者愿意让对面的人收到的信息。比如你跑到女孩面前想要开口说话,结果女孩瞥了你一眼就扭头躲开,但即使这匆匆"瞥一眼"也是女孩向你表达的一个明确态度。女孩是在告诉你——"我不想跟你有交流"。这种时候,你再试图表达"感觉你不是很开心"(情绪交流)或者"你是不是把我当成坏人了"(想法交流),其实都无济于事。

要想跟一个人展开交往,从处理(识别和响应)他愿意让你得到的信息(也就是态度)入手才是正确的做法。但很多直男由于对目的太过急切,往往都跳过态度这一步,直接去探求对方的想法,但结果常常就是自以为是和自作多情,这也正是他们在社交中低情商的原因。

情商的定义是识别和响应他人情绪以及表达和控制自己情绪的能力,但实际上在人际交往中,态度比情绪起着更为重要的作用,如果态度就是排斥和拒绝,那么我们连把交流伸展到情绪层面的机会都没有,当然更别提深入想法层面了。我们平时所说的恋爱中的低情商,通常是指双方已经有了亲密关系,也就是说交流已经到达了情绪层面,只是男性不会响应女方的情绪;但是在追求过程中所谓的低情商,更多地表现为直男们连女方的态度都不会识别。

聊天时遇到"不说话"的女孩,她们的态度可能是友好或礼貌,也可能是冷漠或敷衍。友好或礼貌的态度背后一般是害羞或尴尬的情绪(因为态度友好,所以你才有机会知道情绪,并且你也可以响应),而冷漠或敷衍的态度背后的情绪,你是无法判断的,并且对方也不想让你知道,这时你要再去猜测别人的情绪,就会显得自以为是和令人讨厌。

通常来说,遇到"敷衍或冷漠态度"的不说话,在匆匆而过的短时社交现场其实无法破解,所以我们只能放弃;而遇到"礼貌或友好态度+害羞或尴尬情绪"的不说话,你就可以通过少问多说以及多说自己、多说自己的状态加感受、多说与对方有联系的积极感受来化解。

因此态度是社交的第一道门槛。下面咱们再讲讲态度的分类。

态度从好到差可以分为热情、友好、礼貌、敷衍、冷漠、恶毒六种。

冷漠：对方不搭理你。男："端午节怎么过的？"对方的回复石沉大海……

敷衍：对方有时回复，有时不回复，回复时采用最简短的形式。男："端午节怎么过的？"女："在家。"

礼貌：对方就事论事地表达和回应，既不多说也不少说。男："端午节怎么过的？"女："在家陪父母。"

友好：对方关于状态的表达细致而具体，或者夹杂一些"哈哈嘻嘻"的语气词，或者有对你的关注。男："端午节怎么过的？"女："在家陪父母，还第一次自己包粽子。"／"在家陪父母，哪儿都没去，哈哈哈哈。"／"在家陪父母，你呢？"

热情：对方的表达中会把"你"带进来。男："端午节怎么过的？"女："在家陪父母，还第一次自己包粽子，要不明天上班给你带几个尝尝？"

恶毒：对方的回复中包含着对你的诅咒。男："端午节怎么过的？"女："去死吧……"

理清上面这些概念，接下来咱们就可以说说跟刚刚认识的女孩（也包括认识尚且还不熟悉的女孩）聊天的章法了。

三个基本原则：

一、对方表达的态度在礼貌以下，我们就立即以礼貌态度结束交流。这时候无论是另起话题，还是表白解释，还是插科打诨，都是严重错误。

二、对方连续表达礼貌态度，咱们以礼相待，简短交流，适可而止。

三、对方表达的态度在礼貌之上，咱们才可以持续交流或者深入交流。

牢牢把握这三条原则，你的聊天就绝不会犯错。

下面讲具体流程。

与已经认识的女孩聊微信，因为有了联系方式，所以即使这次打不开局面以后还有翻盘的机会，所以不犯错不出局非常重要。

接下来给大家列举三种开局：稳健开局、错误开局、激进开局。

稳健开局：跟一个不算熟悉的女孩聊微信的第一个回合时，我们一律从友好态度开始交流（热情态度可能会显得有点过分，而礼貌态度又略微拘束），这是万无一失的开局方式。因为，第一，即使女孩对咱不感兴趣或者不在聊天状态，出于人之常情，她也不会对一个表达友好的人的第一条信息就厌烦（但持续向一个不想交流的人进行友好表达会让人家不舒服）。第二，即使女孩是一个对趣味要求很高的人，她也不会因为你的第一句话不够幽默风趣就失去耐心（只要在三五个回合内有一次风趣表达就够了）。

稳健开局的例子：

"你好，我是×××，在×××上班，认识你很高兴。"

"你好啊~"

"你好，我已经在回家路上了，你找到要买的东西了吗？"

错误开局：一上来就试图拉近关系打开话题的聊天方式。比如，刻意指向一个你设计好的话题，或者向对方提出要求，或者评价对方。

错误开局的例子：

"×××你好（试图通过叫名字来增大回复机会的套路其实很多女孩都会觉得别扭），你觉得男人和女人谁更容易说谎？"

"认识你很高兴，改天我们一起出来玩。"

"做什么呢？虽然昨天你话不多，但感觉你是个有故事的女孩。"

以上都是容易聊死的开场白，错误的本质都属于表达越级——一下子跳跃了态度和情绪两个层级，直接要交流想法。如果这样都能跟一个女孩子聊起来，那就真的只能靠"看对眼"了。

激进开局：一上来就使用魔趣聊法把交流拉到情绪层面，并且要表达正面、积极、轻松的情绪。

激进开局的例子：

"今天心情真不错，一出门就认识了个大美女，来公司加班看老板都觉得顺眼了。"（"看老板都顺眼"比之前的惯例"加班有动力"更好，因为人与人的关系更容易调动情绪和制造话题。）

下面是稳健开局和激进开局后，对方可能出现的各种回复以及咱们的应对方法。

稳健开局后：

一、如果对方的回复是礼貌态度以下（也就是敷衍态度），我们就立即以礼貌态度的陈述句收场，改日再聊。（通常一周以后）

二、如果对方的回复是礼貌态度或者友好态度，那么，请注意：

第一，如果此刻有灵感，我们就使用魔趣聊法把交流往情绪层面上拉。比如："今天心情真不错，一出门就认识了个大美女，来公司加班看老板都顺眼了。"

第二，如果此刻没灵感，我们就使用镜像原则——礼貌或者友好回应。这里特别强调灵感的重要性，灵感是你个人状态结合具体话题的结果，最终要落实到感觉是否到位上面，千万不要为了拉动情绪而生搬硬套魔趣聊法。

如果此刻有灵感，上拉情绪之后，如果对方接招（热情态度或者情绪表达），那咱们也在热情态度或情绪层面继续交流，这种情况就是所谓的话题打开了，并且当天就应该邀约。比如：

女：哈哈，你看走眼了吧，我觉得自己很普通啊。（有冲突）

男：我把你的微信头像又看了一遍，原来你骗我，哈哈哈。（扩大冲突）

上拉情绪之后，如果对方没接招，及时撤退就非常重要。（那些平时可以正常聊天，但关键时刻就掉链子的男士往往就是在这个环节出问题。）

撤退的方法有：

如果对方回应咱们的是礼貌态度，咱们就撤回到礼貌态度表达，并且如果对方依旧是礼貌回应，咱们就使用礼貌态度的陈述句结束聊天。也就是所谓的"三三法则"的交流方式。

如果对方回应咱们的是友好态度，我们就撤回到友好态度继续交流，但是一定不要主动结束。如果双方能连续进行10个回合左右的友好交流，这次交流也可以邀约。

如果此刻没灵感，我们就使用"镜像原则"进行礼貌或者友好回应，也可以参照上面撤退的方法。

激进开局后：

如果对方接招（热情态度或者情绪表达），那咱们也在热情态度或情绪层面继续交流，这种情况就是所谓的话题打开了，并且当天就应该邀约。

如果对方没接招，及时撤退就非常重要。

撤退的方法可以参照"稳健开局"的撤退方法。

流程到这里就讲完了，大家可以看出，想跟女孩打开话题，对方的初始态度非常重要，这有点儿平时所说"看脸"的意思。但严格说来，只要对方看过咱们的脸之后能是礼貌或者礼貌以上的态度，追求就都有成功的机会。

跟女孩的聊天法则并不复杂，轻轻试一下，不行就撤，这正是稳妥又高效的追求方法。但不幸的是，很多男士遇到了心动对象往往控制不住自己，总想马上推进关系，一撩再撩，最后把好端端的机会破坏殆尽。本文所提供的聊天方法则像一套安全参考手册，提醒你不会由于感情用事而在追求之路上偏离航道。

5

在沟通中体现高情商

拆解动机：当女孩说"做我哥哥吧"

"哥哥卡"是"好人卡"里的白金卡，发给那些女孩觉得为人确实不错，也愿意与之交往，但就是没感觉没激情的男人。

往乐观的方向想，做了兄妹，你们的关系比好朋友更近一些；但往悲观的方向想，做了兄妹，你们俩这辈子也不可能谈恋爱了。

那么，当女孩把这样一张刀光惨惨的"好人卡"递到咱们手里时，咱们该如何应对呢？

从我的第一本书《魔鬼搭讪学》起，我就写了很多见招拆招的系列文章，但"见招拆招"到底意味着什么，相信很多朋友并没有真正理解，大家都是把关注点落在了应对的话术上面。

今天咱们就先讲讲见招拆招的意义究竟在哪里。

通常，当女孩对她的追求者说"你做我哥哥吧"，我们都会自然地意识到，女孩这句话的动机（或意图）是在拒绝追求。

在交流中，发现对方的说话动机是有必要的，但针对对方的说话动机进行回应常常却是没必要的。

很多缺乏经验的追求者面对"做我哥哥吧"，采取的都是直接针对女孩说话动机的回应方式。

比如：

"我会等你（直到我不做大哥那一天）……"

"可我是真心喜欢你的……"

"你不会遇到比我对你更好的人了……"

稍微有点理性的人都会发现，这些回应从逻辑上都驴唇不对马嘴。就算恋爱中的人智商会下降，但如此多的愚蠢回应还是能够让我们发现一些共性，这就是——质疑对方说话的动机（或意图）的合理性，只会把交流带入死胡同。说得通俗点："萝卜白菜各有所爱，你管得着吗。"

让我们把上面被拒的追求者用萝卜替换一下就更清楚了。

女：我不想吃萝卜。

萝卜1：萝卜会一直等到你想吃的那一天……

萝卜2：萝卜是真心想被你吃掉的……

萝卜3：你不会遇到比萝卜更有营养的菜了……

回到"见招拆招"的本质。打架时，对手出手的目的就是为了伤害你，所以正确的做法就是兵来将挡水来土掩。如果这时候有人还跟对方说——"你不要打我呀，打人是不对的"，这不就是傻子吗？

我相信多数直男在打架时不会犯这样的错误，但在恋爱时却经常喜欢琢磨女孩说话背后的动机。我认为这当中的深层原因是人的投射心理，因为如果一个人的某一部分天性被压抑，那么在社交中就会对别人的这部分动机特别在意。而过分注重动机，则会导致失去见招拆招的应变能力。

高手往往都是天性解放的人。比如，一个坦言自己看脸的男人就不会计较女人是否对男人颜控，这样他们才会把重点放在跟对方进行更好的情绪互动上面。

明白了见招拆招的本质，我们就应该知道，交流中，即使我们看出女孩的表达包含了拒绝我们的动机（或意图），我们也没必要针对动机（或意图）去回应，我们要回应的是她的表达方式。

正确的回应只需遵守一个原则：一定不要跟对方的动机（或意图）对着干。除此之外，你可以自由发挥。

比如，按照我们以前应对挑衅的方法——认可对方的前提，并且按照对方的前提继续夸张，直到对自己有利的程度。

继续用"做我哥哥吧"来做例子。

兄妹之间，除了你要照顾她让着她，其他方面你们基本平等，可以说当哥哥的完全不占便宜，所以很多女孩都幻想过在人生中能有个哥哥。但是，我们不能背哥哥这个锅呀，咱要顺着女孩的"你比我大，所以就做哥哥"这个前提继续夸张……我不是比你大吗？那我就再再大点，干脆做你叔叔吧。一旦我是你叔叔，以后就可以管你啦，给我好好学习天天向上，把那些没事就缠着你的小男生统统拉黑……就是这样，不用去否定女孩对我们的拒绝意图，但通过夸张她的拒绝方式，在形式上我们甚至占了一点"小便宜"。

当然，回应的实质目的并不是为了小便宜，而是通过这种调侃方式向女孩展现我们拿得起放得下的心态，以及机智幽默的能力。毕竟，在女人给男人发"好人卡"时，她的心里多少也是有点儿压力的，而你能如此轻松化解，一定会给她留下更好的印象，并且还是一个跟"好人"完全不同的印象。

另外，追女孩时有个特别简单却经常被忽略的道理，那就是

"缺什么才要补什么"。

想认哥哥的女孩一定不会觉得你缺少男人的关心和忠诚，她们认为你缺乏的是作为异性的情趣，而见招拆招（回应表达方式而不是回应表达动机）恰恰是制造情趣的好机会，但反过来，纠结于动机只会让交流气氛变得越来越沉重，最后往往连普通朋友都做不成。

交流时，我们当然应该洞察对方的动机，但没必要去讨论和否定对方的动机，只要不做与之对抗的事情即可。

明白了这些道理咱们还可以举一反三。

有些男士追求比自己小十多岁的女士，结果不幸直接被发了"叔叔卡"。按那句"认真你就输了"的俗话，如果此刻你还一把鼻涕一把泪地向姑娘表忠心，那"叔叔卡"就该升级为"怪蜀黍卡"了，姑娘可能会跑得更远。

正确的做法是什么呢？正确这个词会给大家一种误导，认为是唯一的选择，其实正确的做法有很多，这里只举其中一个。作为一个三四十岁的男人，面对女孩说"你都可以做我叔叔"时，你可以眉毛一挑，淡然回应："原来我有这么年轻！还以为要做你大爷呢。"

如果女孩说："那你以后就做老大爷吧！"

你就顺竿往上爬，"懂不懂尊老爱幼啊，先扶我过个马路再说……"

以上所有对话有个前提，那就是女孩跟你的交流至少基于友好态度，姑娘并不讨厌你。但是通常来说，会给你发"好人卡"的姑娘又怎么会真的讨厌你呢？

记住，"好人卡"再凄惨也是女士眼里的好人才能拥有的卡。

可如果姑娘见到你就避之不及，跟你说话时态度都在礼貌程度以下（敷衍态度或冷漠态度），那我劝你还是早早放弃为好，强硬采用本文的应对方式只会让人家对你更加厌恶。

面对女孩的拒绝，有时候我们应该争取，有时候我们不能争取，其中的标准又在哪里呢？

还是用"我对你没有那种感觉"和"你做我哥哥吧"为例给大家解释一下。

这两句话的动机（或意图）是一样的，都是为了拒绝，但表达的内容却不一样。

"我对你没有那种感觉"是女孩自己的感受。别人的感受你无法否认，更无法去改变，但没有经验的直男却恰恰要跟女孩在这里对着干。而正确的回应可以是："哦，那上次约会你一定很无聊吧？"——如果你能说中她跟一个没有兴趣的追求者在一起时的感受（具体要看你们相处的情境），至少能在当下给你加一分。

是的，作为一个普通人要想得到美满爱情，就是靠一分一分积累，最后才被姑娘接受的。

而"你做我哥哥吧"是女孩要求你去做的事情，恰恰因为这一点，你才有资格拒绝或者表达自己的不同看法，也才有了展现自己的机会。

所以，简单一句"你做我哥哥吧"该如何应对（以及不该如何应对），背后涉及了很多社交和心理学的道理。明白这些道理，不但可以帮助我们获得心上人的芳心，更有助于我们成为一个善于沟通的高手。

下切谈话：他说的话我不感兴趣怎么办

如果你对对方说的话不感兴趣，该怎么办？

也许有人会说："那就不聊了呗。"

但是生活哪有这么简单？对方可能是你的领导，可能是你的客户，你真的具备起身就走的勇气吗？我们总需要与不同的人打交道，所以还是老老实实讨论一下怎么应对吧。其实这也是个学问。

假设对方是个我们想追的女孩，其他方面你跟她都挺合拍，但就是某一天约会时，她突然兴致勃勃地跟你说起"自己家养了个小猫咪，特别特别可爱"或者"自己最近追剧迷上了某个男影星"……

而你呢？恰好从来都不喜欢宠物，甚至在你的观念里，认为养宠物的人本质上就是自我不够独立，灵魂无处安放，于是找小动物寄托空虚的情感。

至于那个男影星，你就更瞧不上了。

这种情况下，咱还能跟女神愉快地交谈下去吗？难道要掩盖自己的真实看法，假装认同别人的爱好，昧着良心去聊天吗？

我想这可能是大多数人对"愉快交流"的肤浅理解，只能交流自己感兴趣与自己认同的内容，一旦碰到差异，就会束手无策，陷入两难境地：要么忍要么狠，或者不能狠只能忍，假装认同，假装其乐融融，但代价就是失去了真实自我，硬着头皮聊一个自己讨厌的话题，还要装出很感兴趣的样子——"哇，好可爱啊"——内心却在煎熬。

接下来，在解答"如何应对不感兴趣的话题"之前，我们先说说多数人难以应对这种情况的心理因素。

每个人都有自己的物质喜好（比如吃香喝辣），也有自己的精神喜好（比如看书写字），以及影响更深的认知偏好（世界观、价值观）。有喜欢就有不喜欢，而人们又都有维护自己生活方式和价值观的倾向，这就导致人们更愿意与自己喜好相同的人交往，从而得到认同感与归属感。

而差异的存在总是让人们难于理解彼此，喜欢整齐的人无法接受家里凌乱的人，觉得他们太邋遢不讲究；被认为凌乱的人无法理解整齐的人，觉得他们太拘束没自由。我们总是很容易对他人下评判，从而合理化自己的行为。于是，人生就像设置了轨道，每个人都沿着自己的方向行走，对轨道之外的事物失去耐心和兴趣。这也正是我们面对差异无话可说的原因之一，因为在我们的概念里只有"赞同"和"反对"，否则就是面无表情的"中立"。

但是，人们小时候不是这样的，孩子对差异往往充满好奇，只有成人对差异才是排斥。

认识到这点，问题就好解决了。

这个方法就是——用对人的好奇心代替对事物的不同意见。

比如，你不需要去表达自己对宠物或者影星的态度（厌恶），也不用假装喜欢，你只表达自己的好奇心——对宠物或明星感兴趣的人是怎样的状态和感受？

具体的操作方法就是下切。

1. 下切对方的状态："听你的描述，感觉你对猫咪（或男星）很感兴趣，你是怎么喜欢上它（他）的？或者你从什么时候开始喜欢的？哪些时刻或经历让你如此？"

重点是，此处不要下切猫或男星的具体细节，比如猫多大啊，啥颜色啊，这会让对方继续滔滔不绝，结果就是"好奇猫害死你"了。此时下切的要点是：下切到对方的状态，就可以把话题从猫或男星转移到"对方"身上，往往对方还浑然不觉，瞬间完成话题转移。这比直接转换话题的好处是，如果你直接转换到不相关话题，对方会感觉到你的厌倦，甚至会产生自己被否定的感觉。

2. 下切对方的感受："那你当时什么感受啊？"

重点是，顺着这个话题，你还能进一步加深对对方的了解，让你们回到有效交流的轨道上。

3. 下切状态与感受的联系："在那个时候，突然出现一个小猫咪如此需要你，这种感觉很奇妙吧？"

重点是，延伸到人的内心需要，不再纠缠于外界事物（猫或男星）。

以上这些应对方式，让聊天的内容全都围绕着对方感兴趣的话题和细节，而你既没有赞同也没有反对，你只是表达对这一切的关注，但对方却会产生被认同的错觉。你保持了你的真实自我，对方也认为自己受到了重视，交流的双方各得其所。

下切谈话的一个规律是：通常人们只愿意下切自己喜欢的话题，描述具体细节其实就是在持续释放情绪，所以围绕话题的下切可以让一个人卸下内心的防御，这时候适当的话题转移和延伸也不会引发对方的抗拒。

这个规律不仅可以用于表达认同，也适合面对分歧时的辩论，即引导对方发现谬误。需要注意的是，辩论的时候要遵从一个原则——不要跟意见不同的人打比喻。因为形象的比喻包含了诸多细节，意见一致的人们可以在比喻中产生更多的情绪共鸣，而意见不一致的人们则都能在比喻中找到支持自己看法的细节，让辩论进一步变成"鸡同鸭讲"。因此，辩论就应当把概念界定清楚，然后严谨地去推理，比喻可以是辩论结束后自己一方关起门来（庆祝或抗议）的情绪释放。

以上这个应对"自己不感兴趣的话题"的方法，也是脱胎于心理咨询的一种对话技术，当咨询师想要来访者认识到自己想法的谬误，或者想要中止话题以免来访者喋喋不休时，咨询师不可以直接打断来访者，因为这很容易失去来访者的信任。而通过第一步和第二步的下切，会让来访者觉得咨询师正在关注自己，同时，又完成了话题转移，避免了来访者不受控制的情绪发泄。之后在第三步，咨询师通过讨论状态与感受的联系，帮助来访者重新建立起自己的内心需要与客观事物之间关系的合理认知。

如果把这种方法应用于日常对话，可以少一些咨询治疗的凝重，多几分随性交流的轻松，必要时还可以开开玩笑，用善意的方式释放自己的真实感受。

人因相同而吸引，又因相异而成长。如果纠结于事物本身的不同，会让我们无法面对差异。而跳过事物去对人性发生兴趣，才能让我们具备与不同的人相处的能力。

判断捆绑:"你学心理学的啊,那知道我在想什么吗?"

"你学心理学的啊,那知道我在想什么吗?"

几乎每个心理学出身的人,在社交场合都遇到过这样的提问,并且多多少少会觉得有些尴尬,我自己也不例外。

我在知乎上搜索这个问题的回答,大部分非心理学人士都试图做搞笑回复(因为不涉及自己的面子),比如"你在想我怎么回答你"或者"你在想我一定想不到你在想什么"。但这其实属于很愚蠢的回复,为了抖机灵只顾自嗨,让对面的人听完一脸蒙。

而大部分心理学人士的回应都怀着满满的防御心:"我猜不出你在想什么,心理学不教这个。"(我倒不认为在现实中他们敢于如此直白地表达。)

只有清华大学心理系主任彭凯平教授的一段论述相对靠谱:

"很多没学过心理学的人,第一次碰到心理学家,总是爱问一个问题,猜猜我在想什么。我经常回答,我不知道你在想什么,但我知道75%没有学过心理学的人,碰到心理学家的第一个问题总是这个问题。这是什么意思呢？这就是说我们心理学研究的不是个案，研究的不是你的个人心理，我们研究的是大众的心理，研究的是普遍的规律，科学上我们叫大数原则。"

这个"靠谱"的回复依然符合情商的法则（即对话双方的关系产生的作用）：当一个业内权威向你认真地讲述心理学是做什么的时候，这个行为本身就在传递一种不可忽视的友好态度；但一个普通心理学人士在社交场合做科普，就有可能是不自量力了。

但是直到最近我才突然想通，其实这是一道情商题。意识到了这一点，似乎才找到了正确的回应方向。

被问者之所以感觉尴尬，是因为提问包含了两个判断：

a. 心理学应该知道别人想什么。

b. 作为一个学过心理学的人，你应该有这个能力。

我以前说过，随意评价（判断）是聊天的四大杀手之一，而"你学心理学的啊，那知道我在想什么吗"，一句话里包含了两个隐藏判断，并且两个判断之间还有因果关系，我把这种情况称之为"判断捆绑"。这算是最让人不好接的说话方式了。

这是因为，你否认判断b，就相当于承认了判断a。

你回答"我不知道你在想什么"，感觉就是承认了"心理学应该知道别人想什么"。

你否认判断a，则又像是为自己的无能找借口。

你回答"你误会了，心理学不是这样的"，对方心里多半会"呵呵，是你自己没学好吧"。

你a、b两点都否认，就更像个气急败坏的防御者。

你回答"我不知道你在想什么，这也不是心理学的研究范畴"，完了，这天没法聊下去了，你成了话题终结者。

那么到底该如何应对呢？

还是把问题先还原成一道情商题。

所谓情商题，就是回应不仅要考虑问题本身，也要考虑提问者的动机和状态以及对话双方的关系。

情商题最极端的情况是，只看对话双方的关系，而完全不顾问题本身的客观性。当然，在正常情况下，我们没必要为了搞关系就去颠倒黑白，保持人和事的平衡才是高情商的表现。

下面就让我们来分析一下"你学心理学的啊，那知道我在想什么吗"这个对话情景。

通常来说，提问题的人想表达以下两点：

1. 觉得心理学挺神秘。

2. 表示友好，在积极地使用他自认为可以打开话题的方式跟你聊天。

其中，第二点比第一点所占比重要大得多。通俗些讲，人家就是想跟你套个近乎，并没打算去了解心理学是什么。如果他对心理学真有那么大兴趣，也不至于这么无知了。

所以在这个真实社交场合，你要是一本正经地介绍起你的专业，顺便还生硬地否定了人家的判断，那么错的就是你而不是对方了。并且如果你还是个心理学科班出身的，那就更不应该了。你的错误不是猜不出对方想什么，而是不能把握对方的情绪和态度，而把握他人的情绪和态度恰恰是一个学过心理学的人应该具备的基本能力。

那么对方的情绪和态度是什么呢？

——快乐开心，想表达友好，想跟你交流。

所以，正确的回答标准应该是——响应了对方的情绪和态度的同时，再把客观事实委婉地告诉对方。

那么如何同时做好这两点呢？

——方法就是建立夸张的新条件。

回应的逻辑是这样：

你不是问我有没有某种能力吗？我不直接声明我没有这个能力，而是说："是的，你说的这种能力我有，不过是在某个特殊的条件下，这个条件特殊到你一听就知道其实是不存在的。"

如此回答，只要对方有正常情商和智商，就会明白你的意思了，并且完全不会破坏对话的良好气氛。

例如：

对方："你是学心理学的啊，那你知道我在想什么吗？"

我："绝对能把你看个底朝天，不过别害怕，我的水晶球今天放在家里了，所以不如你现在就坦白从宽吧，哈哈……"

掌握了这个方法，还可以应对生活中其他"判断捆绑"的对话。

比如："你就别再跟他较真了~"

这句话包含的捆绑判断是：

a. 你已经跟他较真了。

b. 你还要继续跟他较真。

而事实上你根本就没在乎过这件事。

如果你回答："好好好，我不较真了"，这就好像承认自己较过真。

如果你回答："我根本就没较真"，又显得你内心还没放弃较真。

所以这样的对话经常让我们陷入郁闷状态，而解决之道就是：承认结果 + 新条件（这里不需要夸张条件，因为较真这件事真的有可能发生）。

例如：

——"你就别再跟他较真了。"

——"放心，只要他没欺负到你头上，我就不会跟他较真。"

所有这些思维方式的背后都需要自信心态作为支持。很多时候，当我们感到被误解的时候总是迫不及待地去维护自己的面子，而忘了去关注对方的动机和状态。同理，当我们为了避免尴尬而急不可耐地否认结论时，却忽略了转换前提条件其实可以更好地达到目的。

一个"好的回复"，不仅仅是耍嘴皮抖机灵，而是让接下来的交流有更自由和更广阔的空间。

遇到聊不来的人怎么办

　　这里讨论的是遇到聊不来的人怎么办,沟通交流是个广义的概念,既包括如何说话,也包括基于某些前提下的交往策略。

　　比如在追求一个女孩的时候,你和她硬件条件大致匹配,并且你自身的表达能力不存在障碍,你只是跟她一时聊不起来,但也不至于让她讨厌。

　　这时可能有朋友会说:"聊不来就不要继续追了。"

　　其实我非常赞同这样的恋爱价值观——如果两个人精神和思想上没有共鸣,绝对没必要勉为其难在一起。

　　可具体到追求中的一些实际情况,有些女孩只有"熟起来以后话才多",所以接下来我们要解决的问题其实是——如何跟打不开话题的人尽快熟悉起来?

　　当然,如果熟悉后发现还是聊不来,那就可以无怨无悔彻底放弃了。

　　曾经有个老学员让我做一些指导。

　　按说这个老学员已经很会聊天了,跟多数女孩交流都不成问题，之所以向我求助，是因为这个女孩他特别喜欢，但约会过几次却总是打不开话题，女孩在他面前似乎一直放不太开。

进一步了解了他们的交往经过，我发现聊天中学员犯了一些情感过度的越级错误，于是向他指出来，学员也表示意识到了问题，下次绝不会重蹈覆辙。

接下来，由于之前已经犯过的错误，女孩对男孩正在疏远，于是我让男孩克制住自己的急躁心情，低频低调保持联系，先把关系逐渐缓和。男孩终于再次邀约成功，并且也许是被他的耐心感动，这回女孩的态度似乎比之前还稍稍友好了一点，这说明男孩对女孩多少还有一点吸引。

但是最终约会结束时，学员再次犯了情感过度的错误，女孩又疏远了他。事后学员非常迷惑，按说自己也不是新手了，但为何会在同一条河沟里屡次翻船。

我也觉得这是个值得深思的现象，于是帮他复盘了整个约会过程。

通常，对于特别在乎的约会对象，我们都会期待每次约会之后，关系能有明显的推进。

但是关系推进的程度到底该有多少？关系推进的方式到底该是怎样？很多人却不会细想，他们只是模糊地期待——尽量往前推进。

于是到了约会时候，总要先找个话题开聊吧，然后呢……

如果遇到聊得来的对象，可能就在这个话题轨道上你一言我一语，自然而然地聊下去了，既不会犯什么错误，情绪和气氛也能一点一点升高，最后达到了"尽量推进关系"的目标，约会也就算圆满成功了。

但如果遇到聊不来的对象，一个话题开启后，你感觉对方的回应似乎不在状态，于是再砸下一个话题，但你发现对方还是无动于衷……这种场面真的很不舒服。在这样一次又一次地试错之后，你的方寸开始有点儿乱了，关系推进的希望逐渐变得渺茫，可你不会甘心，你还是想要升高情绪，还想要"尽量推进关系"，于是到了最后，不由自主你就开始自嗨了，试图通过让自己显得开心从而把约会的气氛变好。

但恰恰就是在这个时候，你不知不觉犯下情感过度的错误。如果说之前的交流只是让关系进展缓慢或者原地踏步，那么现在的做法则会让关系开始倒退。

理清了过程我们更可以发现，其实这也是很多人在追女孩时会犯的一种错误——因为聊不起来，看不到推进关系的希望，然后就胡说八道，自欺欺人。

发现症结后该怎么解决呢？

既然聊不来，那么刚开始就不要期待太多，要稳扎稳打步步为营。事先就预估好每次约会要达到的目标，分清该做什么以及不该做什么。

那什么是该做的？什么又是不该做的呢？

在追求过程中，推进关系有三件事可做：表白、亲近、转场。

表白：通过明确的语言或肢体行为直接向对方表达好感。表白最为大家所熟悉，即使恋爱菜鸟都知道表白。

亲近：通过玩笑或者亲近语言间接地向对方表达好感。

转场：一次约会去两个或两个以上的地方，比如吃完饭了再去酒吧喝一杯，或者看场电影，或者玩个密室逃脱什么的。转场属于隐性的推进关系方法。

遇到聊得来的对象，这三件事都可以做，并且常常不需要转场，直接暧昧或者表白就可以推进关系。

遇到聊不来的对象，这三件事中就只有转场可以做了。因为转场有个加速建立熟悉感的作用，而熟悉感有助于把"聊不来"变成"聊得来"。因为大多数人都是"跟熟人才会有话说"，所以正确的流程是，先经过一次或几次有转场的约会，等到逐渐感觉"聊得来"了，然后再暧昧或者表白去推进关系。

总结一下，遇到"聊不来"的女孩，在刚开始约会的阶段，能有转场就算一个不错的突破了，诚恳地多见几次面，让彼此的熟悉感逐渐加深，这才是靠谱有效的追求策略。

策略讲完，下面说说具体应用。

我做约会指导时，经常听到的一个问题就是——在一起没话说，冷场该怎么办？

根据以上分析，如果你们的关系满足本文开始所说的前提条件，那么正确的做法是：她不说话，你也不说话或者少说话，淡定地进行完当下的约会，同时提出转场建议。只要对方接受，那么这次"聊不来"的约会就不算失败。

记住，即使一起沉默也比你自己乱找话题要强，因为至少你们的气场是平等的，但如果你执着于尬聊，最终的结果常常是，既没有打开话题，还显得你矮她一头。

对于那些本身就不善言辞的男士，遇到"聊不来"的女孩最容易出现的是冷场；而对于那些平时还比较会说话的男士，遇到"聊不来"的女孩最容易犯的错误就是情感过度。

其实，如果你足够自信，你就该知道，有时候聊不来不是能力问题，只是时机未到。遇到聊不来的情况不要硬聊，自然而然放松友好的态度，比手忙脚乱表达虚情假意要有效得多。只要姑娘没有对咱表现出不满或者不屑，那么从容礼貌地完成一个不犯错的约会也是男人高价值的体现。

如何跨越友谊区

我遇到这样一个求助。

男孩追女同学,结果陷入友谊区,被发了"好人卡"。女孩知道他对自己有意思,但还是把他当哥们对待,在一起时经常口无遮拦,想什么就说什么,男孩的小心灵屡屡受伤。

过了几天两人又一起逛街,也记不清前面聊了什么,女孩突然就来了一句玩笑:"你个子可是有点矮哟……"男孩尴尬地做了个表情就应付过去了,但事后默默为这事难受了很久。

他告诉我,一是因为他确实不高本来就有点自卑,二是一直就觉得追不上女孩可能跟身高有关,所以当对方这么直白地评价身高时,他就觉得特别受伤。但尽管如此,表面上还不敢让对方看出来,所以他很想知道以后再遇到这种情况该怎么应对。

我觉得这是个特别好的问题,虽然只是生活中的一桩小事,但背后却连带着男女交往的很多微妙心理。

首先对于被追求的女孩来说,她可能觉得"我们之间的关系已经很清楚了,我把你当哥们,哥们之间就该想说什么就说什么",也就是说,女孩不觉得谈论身高是不礼貌行为——这不就是个事实嘛……

可对于男孩来说，虽然目前关系进入了友谊区，但心底还希望有朝一日自己能对女孩重新产生吸引力。所以正当他潜伏在女神旁边、卧薪尝胆夹着尾巴做人，伺机东山再起之时，没想到女孩冷不丁就戳破了他男性魅力的一大短板。本来他对被拒绝的原因还抱有一线希望，还期待着自己的缺陷是可以修补的 bug，但身高可不是说长就长、一键升级的，女孩既然表露出她关注身高，看来自己的翻身机会更加渺茫。

所以这个对话场景对女孩来说是轻描淡写的一句话，意味着女孩觉得你的追求早就结束了，这句话就是一句闲聊，没有任何暗示色彩、没有任何打压寓意，你本来就不该再有什么念头了。

那么男人身处这种场景该持有什么心态呢？

这时候就要给大家讲点跨越友谊区的理论了。很多被发"好人卡"的男人会不断地、机械地向已经把自己当朋友的女孩持续表达爱意，但这种行为非但没有任何效果，反而会把女孩好不容易对你积攒起来的一点好感给浇灭了。

正确的做法应该是，既然进入了友谊区（这里只讨论真友谊，那种以友谊为挡箭牌不再接触的情况另当别论），就代表至少目前你们还有交往机会，那么作为追求者就该把重点放在展示自我和建立吸引上面。在对方没有表现出她对你的足够兴趣之前，你对她就不要再表达好感与诚意了。

形象的说法就是："当哥们就当哥们，真要是消除性别差异，首先承受不了的人说不定是你……"

只有这样，才能在一个平等位置上重新展示你的魅力。

接下来就该说到"如何展示自我与建立吸引"了，其中的一个重要心态就是"笑纳不足、发扬长处"。

各位要记住，一定是"笑纳不足"，而不仅是"接纳不足"或"承认不足"，千万别一本正经皱着眉头热泪盈眶地说："我知道自己有问题，对不起！"

正确的态度应该是："你也看出我那个问题了吧，哈哈哈，是啊，其实我问题还多着呢，没办法，就这么凑合过吧~"

记住，恰恰因为是在友谊区，你正好才可以"笑纳不足"，咱们是朋友，谁也不欠谁的性别魅力。

有人可能会问，如此暴露缺点，那还怎么"发扬长处"呢？这背后的逻辑恰好就是：正因为是朋友，所以才可以笑纳，正因为是笑纳，所以才趁机展示了新的长处，并且往往还是更高级的长处，也就是男性的豁达、自信甚至还包括幽默。

说了这么多理念和心态，也许大家都着急了——到底该怎么回复对方这句话呢？

答案就是——

当女孩用玩笑的语气说："你个子可是有点矮哟……"

咱们可以笑着回答："矮就矮吧，无所谓了，我还胖呢。"

这个回复满足了有效交流四个要点：1. 态度上的镜像原则；2. 内容上的针锋相对；3. 技术上的自我嘲讽；4. 效果上的扩大冲突。

态度上的镜像原则，对方云淡风轻我方亦要云淡风轻，认真你就输了。

方法到这里就讲完了。

有朋友会担心，如果这么回复让女孩生气呢？

如果这样一个对等的玩笑都能让她生气，那么这人不是太自私就是太愚蠢，这样的女孩就不值得继续追求。

　　如果有朋友抬杠，万一女孩浑身上下一点缺点都没有呢?

　　万一世上真有这么完美的女孩愿意跟咱做朋友，那咱当牛做马，每天被虐一百遍也知足了。

低情商的教训

曾经有个新闻在网上沸沸扬扬,说的是一个小伙因为相亲时穿了一双运动鞋,遭女方拒绝了。

仔细了解事情经过之后,我发现导致相亲失败的其实是小伙子令人发指的沟通交流能力,运动鞋只是为他的低情商背了黑锅。

下面让我们一句一句分析这对相亲男女的对话。

男:到家了吗?

女:嗯嗯,到家了。

(两个嗯,代表友好态度,这时还看不出女孩对男士有反感。)

男:哦,到家就好。

(废话一句,已经可以稍微看出这人说话的无趣了。)

男:本来还准备和你看电影的。

(低情商开始暴露了,很多这样的男人都喜欢在事后把自己当时想做却又没做的所谓好意说给女孩听,例如"本来想请你吃饭的""本来想给你送个礼物的""本来想去接你的"……他们从不知道这种话在姑娘听来有多么尴尬和讨厌。)

男：下次再看吧。

（这家伙还真自以为是啊，说得好像辜负了姑娘想跟他共赴影院的美好期待似的。）

女：没有下次了。

（姑娘的态度从友好急转直下变成冷漠，原因是感觉莫名其妙被突然恶心了一遍。）

男：嗯？？？

（这也是男女交往中一种典型的直男表现，遇到情况不关注对方目前是什么态度，以及自己应该怎么应对对方的态度，只关心导致态度的原因，似乎找到原因就可以随意改变对方的态度。）

女：看电影太晚了，家人不放心。

（姑娘可能意识到刚才有点儿冲动，所以又找了个礼貌的借口，试图缓和上一回合的冷漠。但她想不到，低情商是不会见好就收的。）

男：没关系，下次休息时，提前约好。

（低情商从来不会关注别人表达的态度以及背后的意思，他们只考虑自己的需要，并且还喜欢替别人安排。）

女：没有下次了。

（看到这种蹬鼻子上脸、不知好歹的家伙，姑娘的火儿再次冒上来了。）

男：嗯？？？

（直男表现同上。）

男：什么意思？

（还怕别人不明白他打问号的意思。）

女：我们不是很合适。

（姑娘一狠心给出了明确答复，其实更准确的表达应该是"我们不合适"或者"我们一点儿都不合适"，不过鉴于这是第一次约会之后就表达的拒绝，所以为了缓和气氛，姑娘礼貌性地加了一个"很"字，看到这里，我觉得这女孩还是挺有修养的。但接下来才是高潮，相亲男开始展示自己情商的极限值了。）

男：不合适吗？我觉得挺好的……

（很多低情商在被拒时都会这么本能反应，用否定别人的方式来维护自我脆弱的尊严，同时再一次体现了他们的自恋和自以为是。但问题是你搞错谁是甲方谁是乙方了，想追求人家就绝对不该这样说话。情商高的处理方式可以说："原来是这样，不好意思啊，今晚一定让你感觉挺无聊吧？"如此"以退为进+状态感受"的回答，或许可以让女孩放下戒心跟你心平气和再多交流几个回合，说不定还能找出个新的话题，而且就算聊不下去也能留下个美好背影。但话说回来，有这么高情商的人又怎会一上来就被pass？）

男：我挺喜欢你的。

（遭遇拒绝，高情商的人会想"虽然我喜欢她，可她不喜欢我"；而低情商的人会想"虽然她不喜欢我，可我喜欢她"。）

男：你觉得我们哪点不合适？

（依然是发现问题后就要解决问题的直男思维，他们从不考虑别人是否有义务和意愿陪你做这些事情。）

女：很多吧。

（一个傻瓜的问题，一千个聪明人也无法回答，姑娘也一时语塞，不知从何说起，但紧跟着姑娘就想开了，傻瓜不给我留台阶，我干吗要替他留面子呢？）

女：别的我不说，一个 27 岁的男生还穿运动鞋来约会，你自己觉得合适吗？

（女人一旦转攻为守，就再也不会顾及男人的面子，完全由着性子来释放这次约会的差劲感受了。可能姑娘觉得这是一句阴损的话，只是想表达一下"你的形象都没过关"，但是她完全错估了直男的理解能力，人家根本没认为你在挤对他，人家开始为鞋辩护了。）

男：啊？？？我是下班过来的，我上班穿得休闲一点。

（看到直男的这句回复，魔老师觉得特别亲切和真实，我做培训时就经常发生类似的对话，魔老师："你应该穿条修身些的裤子。"学员："老师，可是这条裤子很舒服呀。"魔老师："你不应该把钥匙串挂在腰上。"学员："老师，可是这样不容易丢呀。"通常这种时刻魔老师会先小声对自己说一句"冷静"，然后再和颜悦色地继续说："是的，穿肥裤子是很舒服，钥匙串挂腰上也很安全，但别忘了你来这里学习是为了什么，记住，女孩不喜欢打扮成这样的男人！"）

男：运动鞋怎么了……

（是的，鞋确实很冤枉，因为它是在为你的低情商做替罪羊。）

女：那是小学生初中生穿的吧。

（女孩此刻简直就是免费的魔老师啊！）

女：我喜欢精致一点的男生。

（继续站在女性的角度告诉他怎么才能对女性有吸引力，但是，低情商只会把别人的意见和建议理解为对自己的否定和攻击。）

男：真的服。我以前也被别人拒绝过，但这个理由是第一次。

（言外之意是"姑娘你很奇葩"。）

男：我没觉得我这样穿有什么不好。

（他意识不到，女孩说的其实是"你的整体形象"。）

女：不过还是谢谢你请我吃饭。

（女孩不打算继续跟他废话了。）

女：你会找到喜欢你的女生的。

（美好祝福在这里出现意味着今天的对话应该到此结束。）

男：我要怎么和介绍人那边说？

（交流到这里之前，男士的错误都属于直男低情商，但到了这句，或许是因为一系列的拒绝和打击，他开始退行成一个没长大没担当的小男孩了。这里我要声明一下，直男并不都是没担当的男人，有担当的直男此刻会说"好的，那我去告诉介绍人，咱们不合适"，甚至再直接一点，"那我去告诉介绍人，因为我这身打扮所以没被你看上"。勇于担当的表现可以在这种时候给自己挽回至少0.5分。）

女：我去说，两个人不太合适吧。

（此刻姑娘宁愿面对介绍人也不想面对这个小男人了。）

男：那行。

（这是相亲男在此番聊天中唯一一次痛快的表现。）

之后女方立即把饭钱转给了对方。

（用钱来划清界限这个行为应该不是针对直男，而是针对小男孩的反应。）

男：没关系，吃饭没多少钱，就当交个朋友了……

（"这顿饭没多少钱"是生活中很多人抢着买单时的口头语，但真正高情商的人是不会这样说话的，难道如果贵的话，咱就不请你了吗？）

事后，愤愤不平的相亲男把这段聊天记录传到网上申冤，但我可以很负责地说，他除了第一句"到家了吗"还算正常之外，剩下的对话就没有一句不犯错误的。

说到这里，可能有人会说："聊个天还这么累，至于吗。"

确实，普通人说话虽然也有问题，但不会一次集中这么多，这个相亲男的难得之处在于，他聊天的每一个地方都是低情商错误，所以在写这篇文章的时候，我一直觉得这件事不一定是真的，因此在文章中数次使用了"低情商"这个概念，其实是对事不对人，因为我觉得这个人大概并不存在。

这倒带给我一些灵感：如果姑娘约会后把饭钱转给你，该怎么优雅应对？

既然人家看不上咱，所以没必要再逞强了，我觉得可以自嘲一下，说："哎，感觉淘宝上卖了次品，被要求退货退款了……要不货咱退了，钱你就留着吧，记得给个好评行吗？"

如果确实如此，我为文章中使用的词语向当事者表示歉意，同时也想告诉这位男士，你相亲出局跟穿什么无关，或许你有很好的工作、很高的薪酬，但在跟女孩交往这件事上，你的职业并不能给你有价值的帮助，提高自己的情商和沟通能力才是关键。

6 正确应对冲突

镜像原则：如何拒绝不懂分寸的人

所谓"不懂分寸的人"，他们最大的特点是，可以用非常坦然甚至亲切友好的态度向你提出一些超越于你们关系的要求。而生活中其他那些向你提出非分要求的人通常不是这样，比如一个持刀劫匪让你拿出钱包，他的态度至少是穷凶极恶的。

而这一节讨论的这类人，他们在向你提出非分要求之时，语气却跟你的至爱亲朋一样理所当然。虽然你的利益被无端侵犯，但如果断然拒绝，却显得似乎是你不懂人情世故。

作为普通人，我们不是不敢反抗，我们只是不敢主动反抗。你看打架的时候，多数人动手之前都会瞪着眼对对方嚷嚷："你刚才说什么了？你再说一遍！你再说一遍！！"目的就是希望对方能够正式地来触犯自己一下。

只有经常打架的老手才会毫不客气，先发制人。

因为害怕主动挑起冲突，所以面对被没有界线、不懂分寸的人打扰，多数人的本能反应有两种：

第一，保持面子上的友好，接受了对方的无礼要求。但背地里恨得咬牙切齿，既恨对方贪婪无耻，也恨自己软弱窝囊。

第二，找个借口，带着虚伪的歉意拒绝对方。但事后心里难免惴惴不安，担心被对方识破，维护关系的努力白费。

作为正常人类，我们只有在情绪进入了激动状态后，才能毫不客气地拒绝或者反击对方。可是被没有分寸的人用坦然友好的态度打扰，我们的情绪反应却是滞后的，因为对方的友好态度阻挡了我们把内心不满即时转化为负面情绪。

那么，面对这种"态度友好+行为过分"的人，我们到底该怎么办呢？

答案是以其人之道还治其人之身。

首先，维护自己的利益，我们当然要拒绝对方。

其次，被拒的人内心当然会有不满，并且不满同样会有即时转化为负面情绪的冲动。所以，我们用更加友好的态度去阻挡他！

下面说说这个办法背后的道理。

在"魔鬼约会学"中有个重要的社交法则，叫"镜像原则"，说的是追女孩时要根据女孩对你的态度作为交往参照。女孩热情我们也热情，女孩冷淡我们也冷淡，男士只要在这个原则的基础上稍微主动一些即可。绝不要热脸贴冷屁股。

"镜像原则"的心理学原理是，在社交中，我们向别人表达出自己的态度，同时也就希望对方用差不多的态度对待自己。这一点可能跟很多人的常识相悖，但事实却是如此，只是没有被意识到。我们其实并不期望别人用差别很大的态度对待自己，哪怕是更好的态度。虽然有些时候，当对方用更加热情友好的态度对待我们时，也能改变我们对他的态度，但这毕竟不是我们的初衷。

多数时候我们的下意识是，我对一个人冷淡，我心里就是希望他离我远点，我并不期待他对我热情友好。

所以当我对一个人冷淡，而对方用热情态度回应时，至少在最初的瞬间，我们并不会因此开心，我们甚至会有不安全感，会怀疑对方的动机。并且，双方的态度相差越大，我们的安全感越低。

试想一个场景。开学了，新班级里有一群新同学，其中一些比较羞涩的同学，遇到了态度友好和态度热情的两类同学。相比之下，态度友好的同学会更容易跟羞涩的同学发生交流，而态度热情的同学倒可能吓跑羞涩的同学。而羞涩的人遇到羞涩的人，虽然最终没有发生交流，但也不会太失望，因为这个结果符合他们的预期。

所以我发现，最有效的社交策略是用比对方稍微积极一点的态度对待对方，循序渐进不断升温。

谈恋爱也是如此。镜像原则的作用是把交往中可能会带给女方的不愉快降到最低，这跟多数人以为的"追求就是尽可能带给对方愉快"的想法正好相反。

有这样一句人生箴言："追求幸福的秘诀就是尽可能地避免不幸。"我觉得同样适用于两性关系。在恋爱过程中，多数人都是想方设法给对方制造快乐，但纵览人生你会发现，越是这样努力，结局往往越是一地鸡毛。相反，如果把避免给对方带去不愉快作为交往的基础，关系健康发展的机会却会更大。

再回到这一节讨论的话题。

当不懂分寸的人提出非分要求的那一刻开始，我们就应该接受一个事实：

我和他之间的关系已经"微微"被破坏了，那么接下来我们要做的其实是如何不让关系变得更糟，而不是继续自欺欺人地维护一个完美关系的假象。

或者换个实际点儿的说法，不让关系更糟比假装没事要更容易做到一些。

如何让关系不会变得更糟呢？镜像原则就该发生作用了：用跟对方同样坦然友好的态度，甚至更轻松快乐一些的语气说话，但是表达的内容却应该是你自己的真实意愿——坚定地拒绝他们。当然，为了表示友好，表达拒绝理由的时候你可以说得"下切"一些。

举个例子。

在网上，有一位知名人士是这样回答这个问题的："有一次我在高铁上被一位女士认出，寒暄时女士问我家具体地址，打算以后去我家找我，我心想我哪儿有时间陪你闲聊呀，于是靠站时趁她不注意，我就下车溜了。"

可惜，我认为他的回答是绝对的反面教材。

很多人一旦要当面对人说"不"，他们自己就先进入了高度紧张的状态，于是他们会把精力放在回应的内容上——即找个冠冕堂皇的借口，希望以此缓解心理压力。如果实在找不到借口，最后就选择直接逃避，但这种处理问题的方式往往只会把你们已经不好的关系变得更糟。

回避表达真实意愿，会让你在拒绝他人的时候变成这个样子：

因为不好意思拒绝，所以你表现出来的态度是生硬的。

因为在找借口，所以你表现出来的情绪是尴尬的。

结果，提出过分要求的一方倒是坦然以对，而你却变成了一个"犯错的人"。

不仅如此，这种做法还会让你面临两个麻烦：

第一，不可能有那么多合适的借口。

第二，对方早晚能看出来你在欺骗。

那么，最不坏的回应方法是什么呢？

——友好态度＋积极且真实的情绪＋真实意愿。

按照我们的镜像原则，我们可以带着友好的态度和愉悦的情绪对想登门拜访的陌生人说："哈哈哈哈，不可能不可能，你不知道我有多喜欢清静，除了亲朋好友和快递外卖，没有人知道我住哪里……"

作为社交高手有这样一条原则：除非万不得已，否则尽量表达真实的情绪和意愿。

而上面的愉悦情绪恰好就是真实的，因为我干脆漂亮地拒绝了一个不懂分寸的人，难道不该开心一下吗？

转换思维：如何挽留想要离开你的人

有这样一个挽回案例，其中有个片段值得跟大家分享一下。

案例中的男士在跟女友相处了几个月之后，女友提出退回到朋友关系，女孩说：“我本来就缺乏活力，需要有活力的人来带动，但相处了一段时间后，很遗憾发现你不是那种人。”

遇到此类情况，错误的回应通常有这些：

"有活力的男人不一定靠得住啊。"

"虽然我不够有活力，但我对你是真心的。"

"请给些时间，我也会变得有活力。"

很不幸，我的这位学员当时的回答也在其中之列，于是，女孩跟他退回到了朋友关系。

在咨询过程中，他还不断问我"怎么才能变成一个有活力的男人"。

显然，他希望能早日成为女孩需要的类型，然后重回恋人身边。

我告诉他，你努力的方向完全错了。

第一，女孩说出的理由不一定是真实原因。真实的分手原因往往都比较伤人，而"没有活力"这句话听起来挺舒服的，因此是借口的可能性更大。

第二，即使是真实原因，世上总有一些品质不是你想有就有的。咱们不妨认为活力恰好就是其中之一，你要以最坏的可能为前提来思考如何应对。

那些错误的回应往往是解决问题的模式，但分手理由常常都是不能解决的问题，所以这时候咱们应该换个思路。男性思维是解决问题，女性思维是描述问题中的自己，因此在跟女性交流的时候，我们可以表现出对身处问题中的她的关注，没必要真的去解决问题。

就像当女孩说"我感冒了"，我们应该问"那你现在感觉怎样"，而不是告诉她"多喝水"。

结合这个案例，当时其实可以这样回答女孩："我理解你的需要，其实我也喜欢有活力的人，如果遇到那种能够带动你的人，你绝对应该放手追求，我一定会支持的。"

这样回答有几个好处：

第一，认可了对方的需求，让她觉得你是个理解她的男人。

第二，关键时刻你能够舍弃自己的利益，让她觉得你是个大度的男人。

第三，"我也喜欢有活力的人"（潜台词是"我从来没有挑剔你的不足"），让她觉得你是个包容的男人。

第四，"如果遇到能够带动你的人，你应该放手追求"（潜台词是"在没遇到那个人之前，你也没必要现在就离开我"），争取当下继续相处，这才是最实际的利益。

当在乎的人打算离开之时，很多人都会立刻陷入巨大的恐惧之中，拒绝是他们此刻唯一的反应。"你需要的那些没有价值""我给你的才有意义""让我来为你改变吧"——归根结底都是绝不接受对方离开。

但是这样不但没用,反而会破坏你和她的现有关系,本来她对你还尚存好感,你在其他地方对她还有价值,可关系一旦破裂,你们就彻底失去了合作的机会。

《三国演义》里,当身在曹营心在汉的关羽表示要去寻找下落不明的刘备的时候,曹操的做法是:肯定关羽的人品,表达对他们兄弟情谊的钦佩,让关羽安心待在曹营,一旦有了兄长的消息,随时允许离开。

就这样,虽说关羽最终还是回到了刘备身边,但毕竟劈文丑斩颜良,为曹操的事业出过一分力量。

这样做更大的价值是,曹操身边的谋士将领都会因此更加愿意跟随这个宽容大度的主公。

如果当关羽表示不能背弃刘备之时,曹操说的是"那个卖草鞋的有什么前途,我才是你应该服侍的老大"或者"我哪儿不如刘皇叔,告诉我,我改……"别说关羽,估计曹植曹丕都得收拾行李了——爹太丢人了。

同理,当一个男人在交往时能说出"告诉我还有哪儿不让你满意,我改"这样的话,一定会触动女性潜意识的不安——"这种人以后怎么能当孩子他爸呢?"

因此,不管是情场还是战场,无论古代还是今天,很多事情的道理都是相同的。在处理人际关系的问题上,聪明的男人总是善用女性思维,反过来,女性思维也可以让你更加男人。

即使到了商场和职场,面对一个改变主意的买家,或者一个打算离职的员工,相信本文的案例也能带给大家相应的启发。学会沟通,让我们的生活变得更美好。

如何挽回出现危机的感情

当分手出现苗头的时候，如何把危机扼杀在摇篮里？

一个分手通常要经历三个阶段：

第一阶段，动摇，对方对你没当初那么满意了。

第二阶段，试探，对方跟你的话题开始涉及分手这件事。

第三阶段，分手，对方宣布决定。

正所谓爱到尽头覆水难收，一旦决定分手之后，再想挽回就很不容易，而在问题出现的第一阶段，多数人又缺乏足够的敏锐，所以避免危机的行动最好放在第二阶段——当对方试探跟你分手时，你要把对方的想法安抚下去。

我曾经认识的一个哥们，就是这方面的高手。他条件一般，但女朋友很漂亮，虽然他对女朋友一直很好，但架不住追求他女朋友的人太多，所以有那么几次，他女朋友先后露出过想分手的苗头。每每到了这个时刻，我这个无财无貌的哥们都能凭着他的高情商化解危机。

他是怎么做的呢？

咱们先讲讲多数女性是怎么提分手的吧。

在分手这件事上，女人有一种天生的女性思维方法。通常，她们会先释放出负面情绪，比如为一点小事跟你吵架，或者没有理由地冷淡你，等你表示不满追问原因的时候，她们就指责你小心眼不成熟，然后顺势把冲突升级，最后抓住你言语之中的小辫子宣布分手。

我这哥们的女朋友用的也是这招，但架不住我哥们情商太高，一直不上当。每当女朋友莫名其妙闹脾气的时候，他都避免正面冲突，既不去追问原因，更不会带着负面情绪去指责女朋友，从头到尾他就装没脾气的老好人。

有一阵我那哥们发现女朋友在跟别的男人交往，而且那个追求者条件比自己强很多，女朋友几天都没联系他了，他主动去联系，女朋友的回应也很敷衍。

我得知这个情况，就去问他："你不打算跟她好好谈谈吗？"

他说："谈有用么？谈的结果无非就是促使女朋友拿我跟那个男人做比较，人家条件又比我强，我这样不是自找死路吗？"

我又问："那你打算怎么办？"

他说："不怎么办，走一步瞧一步吧。"

我又问："这样见异思迁的女朋友你还要？"

他回答："每个人都想找条件好的另一半，这是正常需求。但想跟做又是两码事，并且做也有不同的方式，见异思迁只属于其中一种。我不清楚我女朋友跟那个追求者做了什么，但如果她只是跟那家伙吃个饭约个会，同时在心里考虑选择谁，那么这种做法就不算见异思迁，也是我可以接受的。退一步说，就算她真的见异思迁了，我除了去斥责一番也只有分手的结果。但是现在这些都不确定，我能有什么好谈的？更关键的是我喜欢她，也不想跟她分手，那么我就只能等待，既然我想找一个条件比我好的女朋友，这就是我需要承担的风险和烦恼。"

所以，我那哥们基本上没有采取主动行为，只是保持着每周1~2次的联系频率，每次表达适当的关心即可，女朋友回应冷淡他也决不多说。就这样持续了一段时间，期间我都以为他们的关系就要不了了之了。结果，也许是后来情敌那边犯了错误（见女孩总是不下决心分手，情敌先露出了不成熟的一面），总之，女朋友又回到了身边，我那哥们乐呵呵的当什么都没发生过。就是靠这种难得糊涂的境界，后来他们结婚了，现在孩子都几岁了。

接下来说说女人用男性思维分手时的表现以及男人的相应对策。

男性思维的分手其特征是不闹情绪不耍脾气，心平气和且充满理性地跟你讨论彼此的关系，但其中绝不缺少陷阱和套路。

通常这种时候对方或者已经打定主意要分手，或者还在权衡之中，到底是什么程度我们无法事先判断，但这都不妨碍我们去做唯一正确的事情——跟对方同样心平气和地讨论，并且在这个过程中传递给对方这样的信息——你值得被她选择，如果你不想分手的话。

值得被选择的理由绝不是"我多么爱你"，而是你对情感问题的理解比她更清楚。如果用购物来类比，你作为卖家面对一个发生动摇的买家，你要说服对方的理由不应该是"你多么渴望这笔交易"，而是"你对什么是公平交易比对方认识得更清楚"，以及"这桩交易对双方都是有利的"。

以上是原则，下面以我曾经的一次咨询作为反面教材来具体分析一下。

当事者跟女方相亲认识，异地，保持了几个月的交往，之后可能女方逐渐对这段关系不太满意，于是有一天突然给男士发微信。以下是他们的聊天记录以及我的分析。

女：问你个事，关于我俩你怎么想的？

（单刀直入。）

男：现在电话方便吗？

（正常反应，谈不上对错。）

女：不想电话说。

（这是个坏信号，代表谈的不会是好事。）

男：行，那就微信说吧。

（正常反应，谈不上对错。）

女：嗯，你觉得我们合适吗？

（继续单刀直入，理性试探，自然下套……）

男：我从我的角度觉得挺合适的。

（男士开始上钩了，类似的套路还有女方问："你觉得你了解我吗？"很多男的都会傻呵呵地说："了解啊，在我眼里你是个什么什么样的好姑娘……然后女方趁机郑重告知："错了，我根本不是那样的人，你看咱们不合适吧……"）

女：合适的理由？

（继续下套。）

男：跟你在一起的时候，不用想太多事，也不用说怕这怕那，可能这么说有点自私吧。

（继续上套。）

女：你知道我喜欢什么样的人吗？

（继续下套。）

男：你平时表现得很成熟、很独立，一定也喜欢成熟、做事敢于担当的这个类型的吧？

（这是一个标准陷阱，请大家记住——讨论对方喜欢什么样的人，不管你说什么，最终都会导向对你不利的境地。）

女：我喜欢阳光开朗温暖能给我正能量的人，同时也要浪漫幽默，懂生活情趣的人。

（第一步错了，第二步自然会被对方牵着鼻子走。正确的做法应该是根本不给她说这个话题的机会。）

女：你，是吗？

（发起攻击了。）

男：不是。

（老实人啊！）

女：我发现了。

（确认一下。）

男：我自己也发现了。

（帮对方确认一下，真配合！）

女：我们之间还有一个致命的问题，距离，可能对你来说不是问题，但对于我……

（开始找下一个攻击理由。）

男：我知道，你之前有说过的。今年第一次来武汉的时候，你就说过你上一个男朋友就是因为要去北京所以才分开。你今天说了这些，我突然明白了，你其实是一直在强迫自己试着跟我相处。

（在这里让我来做个比喻，这就好像讨价还价时，买家说你这货品缺个什么功能，我特别在乎这个功能，然后卖家竟然说：

"是是是，根据您以前的消费记录，您确实很在乎这个功能，对不起啊，我明白了，您在我们店转了这么久，一直都是在勉强您自己……"）

女：你在我心里是个很温暖的人，从见第一面就这样觉得，我知道你适合成家过日子，只是就是觉得少了点东西，谈不上强迫，跟你相处挺轻松的。

（看到男士如此配合，女方适当抚慰了一下，不过都是无关紧要的优点，但原则还是没有妥协。）

男：每个人都应该嫁给自己爱的人。

（好伟大啊~）

女：或许吧，其实有时候我也不清楚我自己要的到底是什么。有时候也会觉得自己想得太多。

（看到男士替自己把想说的都给说了，女方一改之前的男性思维模式，开始表达自己的感受了，这对男士其实是个扭转局面的好机会。）

男：不是你想得太多，梦想总该要有的，只是有时候需要你去取舍而已，每个人都想要更好的，不只是你。

（男士对有利于自己的机会完全无视，竟然继续鼓励女孩寻找真爱。）

女：嗯嗯，你说的这些我都懂，心里很清楚。

（这绝对是实话。）

男：反正说了这么多，有些心里话想跟你说，不知道你愿不愿意听？

（男士要进入自我陶醉的状态了。）

女：你说。

（正希望你言多必失呢。）

男：我的情况你也清楚，我从小就生活在一个处处受人照顾的环境里，我时时刻刻都不想辜负别人。时候一久，我就养成了一种习惯，很看重别人的想法，很在乎别人怎么说我，怎么看我，越在乎别人的看法，顾虑就越来越多。

（老兄，讨价还价的关键时刻，你为何要自爆缺陷呢？）

女：何必把自己活得这么累，所以我说你是个好人，性格也好，但其实做自己也很重要，我不算是个懂事的人，上学那会开始很多事我都自己拿主意，可是踏入社会后我反倒失去了原来的自己，顾虑越来越多，也在乎别人的眼光，希望得到别人的肯定，可是这样的我好累啊。

（这部分属于共情效果的女性思维表达。）

女：有时候很多事情确实是身不由己，但婚姻这件大事我绝不想顺着他人的意思，我希望自己可以想清楚得到最肯定的结果。

（话锋一转回到诉求明确的男性思维表达，这是一条女汉子！）

男：自从认识你之后呢，跟你相处时，每当我没话说的时候，你就突然说话了，每当我尴尬的时候，你就突然替我解围了，我发现好多顾虑没有了，以至于我喜欢上这种感觉。

（继续自我陶醉，继续自爆缺陷，本质上是在表达"我多么爱你，多么离不开你"，但这是错误的方向。）

男：你今天这么一说，我发现我没有顾及你的感受，确实太自私了。

（试图通过主动认错来乞求原谅，但是没用。）

男：有一点你放心，我绝对不会强迫你做任何你不愿意做的事。

（生搬硬套魔老师书里的话，好尴尬。）

女：这么久了你从来不谈我们之间的事，我不知道你的想法是怎样，也不想一直这么拖着，刚我也说过我想要的跟你实际表达给我的其实是不符的，而且我们还隔了这么远，远距离就意味着没有安全感，意味着相当于跟自己谈恋爱。我们都慎重考虑下吧。

（女方表态了，但至少还没有宣布分手，说明她其实也在犹豫。所以，这本来可以是个把分手想法直接化解的机会，但男士的表现却是让危机加大了。）

男：能告诉我在你的想法中，你最期待的婚姻是怎样吗？我之前一直不谈我们之间的事，是因为我认为我还没有达到你能认可的程度。

男：说实话，这次从老家回来以后，我是准备国庆向你表白的。

男：是我错了，没有给你想要的答案，我尊重你的选择，正好我也冷静冷静。

（苍白而无力的表态和解释。）

女（次日上午回复）：哪有什么对错，只不过是合不合适而已。

（回归世上所有分手的原因。）

女：昨晚睡着了，不好意思~

（聊天结束。）

让我们来分析一下这个案例。

这是个比较理性的女孩，如果咱们用买东西来看待这次讨论，基本等于：女方在表达："我对货品不够满意，要不要退货，我还在考虑中，但我绝不会勉强自己。"

这种情况下，作为男方，应该做的事情是："你不用勉强自己，重新来认识我，我会让你满意的。"可惜，男方实际做的是："我确实有问题，我理解你的感受，我尊重你的选择。"

以下是处理这种理性分手的原则：要态度平和据理力争，同时不上套，不要被对方陷于不义，摆事实讲道理，用不着打感情牌，要靠实力来让对方觉得应该选择你。

那么怎么才能做到呢？

——抓住对方的逻辑漏洞，以及对两性关系的理解不当。

其实对话的每个关键回合都有过招的机会，咱们就拿"我们之间还有一个致命的问题，距离，可能对你来说不是问题，但对于我……"这句话来说，换一个回应方式男方就能占据主导。

可以这样回复："其实距离对我来说也是问题，我以前一直都只考虑找同城的女朋友，只是遇到你之后，我才发现自己愿意承受异地的不方便，并且我也正在想办法改变这个状况。"

这样就把异地这个本来是女方指责男方自私的话题化解成为对女方不利的两点：

1. 你误解了我。

2. 我为这段关系付出的比你多。

其他的类似：

"你觉得我们合适吗？"

"你了解我吗？"

"你知道我喜欢什么样的人吗？"

"我喜欢的人是什么什么样的，你是吗？"

对于一个以理性方式来跟你探讨关系的对手，如果你能在每一个小话题上给予对方意料之外的回应,并且维护好自己的利益,那么对方自然会认为你是值得被选择的伴侣,一次分手危机也就顺势被你化解了。

魔老师也遇到过分手的危机。

很多很多年以前,魔老师跟一个女孩恋爱了,但我们有一些不合适的地方妨碍我们一直走下去,所以虽然在一起时很开心,但彼此都心知肚明这种快乐不会持久。终于有一天,我在家时接到了女孩的电话,她说:"你能收传真吗?我给你写了封信。"(那个年代没有 E-mail)

我预感到她要摊牌了,不过还是说:"能收,发过来吧。"(划重点:魔老师遇事不啰唆。很多人在这种时候就开始婆婆妈妈了,像《大话西游》里的唐僧,特别欠揍。女孩子听烦了可能分手信都懒得再写,直接分手拉倒。)

过了一会儿,传真机吱吱呀呀响了一通,滚出来一封字迹秀气的信,内容不出所料,她先表扬了我一通,然后话锋一转,说可惜我们不合适,还是好聚好散吧。

我看完把信放在一边,等着电话铃再次响起,反正我不想主动拨过去,但是她也没打过来,就这样一个下午过去了。傍晚时分,她的电话终于来了,我接起电话,没想到那头是欢快的声音,她跟我聊了一通家常琐事,然后突然问:"对了,你收到我的传真了吗?"我凭直觉回答:"没有啊,是不是传真机出了毛病?"她依旧语气欢快地说:"没有就算了,不管它了。"于是接着跟我聊其他事情,一场分手危机就这么过去了。

多年以后我这样解释自己当时的行为:如果她打定主意要跟

我分手，那么就让她亲口告诉我，然后我会接受；如果她做不到亲口告知，就说明她没那么坚定，我就当这事没发生过。（划重点：在这种事上，魔老师关注的是"她是否确定要分手"，然后只要不是就开开心心过一天算一天；而很多男人关注的是"她是否确定要在一起"，然后只要不是就能叽叽歪歪个没完没了。）

这是其一。其二是，有些问题是客观存在不可解决的，如果非要因为这是爱情所以就要做出个姿态，比如看完了传真我就把电话打回去，劝她不要分手，告诉她要向前看，一切问题都会解决……那么结果不仅会让我们之间产生对立和隔阂，而且还会破坏彼此在对方心目中的形象，她会觉得我愚蠢，我会觉得她冷酷，除此之外没有任何好处。

我在那个年纪就明白了一个道理：一个女孩喜欢你愿意跟你在一起，是因为你身上确实具备一些优点，是因为你能给她带去快乐，而"你有多爱她""你不能没有她"这些看似美好高尚的需要，实际上如果还要搭配着烦恼和痛苦让人家接受，那么只会让你在对方心目中增加愚蠢和自私的缺点，至于结局是分是合，只不过是看你的优点和缺点相互抵消之后哪边剩得更多。但总而言之，这种动机是挽回爱情、效果却是消磨感情的行为，持续做下去，早晚有一天，你在对方心中的坏会超过你的好。

最后一点就是心态。我并不觉得分开有多可怕，因为如果感情被破坏，彼此失望相互怀疑，那么可怕的事其实已经发生，两个人就算在一起但实际上已经分手了。该来的总会要来，感情不存在，在一起也是分开；而如果好感尚存，那么即使分开，彼此心中也留有一份美好，将来也许还有机会。所以，"努力挽回"往往才是破坏感情、毁灭关系的真正凶手。

通常来说，分手的原因主要有两点：第一，你对她不好；第二，你这人不行。

原因一属于"内部矛盾"，一般有救。原因二属于"敌我矛盾"，基本没救。

两点分手原因会出现在三种分手过程中：

1. 相处中一直是"你对她不好"（有救）。

一般来说，单纯的"你对她不好"通常需要持续很长时间才会上升为"你这人不行"（发现你是个混蛋），在此之前都可以修复关系。

2. 相处中直接发现"你这人不行"（没救）。

人不行包括品质和能力，通常都只能认命。像本文开头故事里的魔老师就是能力不行（没钱），魔老师算是把一手烂牌打了个最不坏的结果。

3. 开始是"你对她不好"（有救），之后由于错误的操作迅速升级成"你这人不行"（通常是品质不行，也没救）。

这是分手最常见，同时也是比较冤的情况，是本文下面讨论的重点。

为什么"你对她不好"有救，而"品质不行"没救？

我们都知道女性是重感受的动物，在分手挽回中，"你对她不好"和"品质不行"让女性产生的感受完全不同。

"你对她不好"导致的感受通常只是伤心和失望。但失望也意味着期望，伤心也意味着依赖，所以只要及时弥补错误都还能够挽回关系。

而"品质不行"导致的感受就非常致命了。我总结了一下，

"分手见人品"让对方产生的负面感受通常有四种：鄙视、厌恶、恐惧、憎恨。每种感受对应着不同的挽回难度。

鄙视你——难；厌恶你——很难；恐惧你——非常难；憎恨你——完全没可能。

不同的感受由不同的人品导致：你是个愚蠢的人——所以鄙视你；你是个自私的人——所以厌恶你；你是个变态的人——所以恐惧你；你是个恶毒的人——所以憎恨你。

而人品是由你在挽回时的行为决定的，常见表现有：

当你一厢情愿地表达自己多么爱她，愿意为她改正缺点，愿意一直等待她回心转意时——你在她眼中成为了一个愚蠢的人；

当你对她发微信打电话狂轰滥炸，试图强行与她沟通，想要告诉她你是多么痛苦时——你在她眼中成为了一个自私的人；

当你跟踪堵截她的生活行踪，窥探监视她的社交账号，试图随时关心她接近她时——你在她眼中成为了一个变态的人；

当你要挟恐吓她，发誓鱼死网破同归于尽，试图表达你对爱情的忠贞不渝时——你在她眼中成为了一个恶毒的人。

并且以上这些人品缺陷从重到轻逐级向下覆盖。

有自私品质的人往往是愚蠢且自私。有变态品质的人往往是愚蠢、自私且变态。有恶毒品质的人往往是愚蠢、自私、变态且恶毒。

相比之下，愚蠢的缺陷还算最轻的，仅仅只是单纯却不可爱的愚蠢。但又有多少女人能容忍孩子他爸是个笨蛋呢？

大多数人的挽回行为起步就是被鄙视，稍微努力一下就被厌恶。所以这里我要告诉大家一个残酷的真相：一旦你意识到自己正在挽回时，通常就很难挽回了，并且你越努力对你们关系的伤害就越大。

下面分析一个常见案例。两人相处半年时间，女方开始挺黏人，但男方会因为打游戏而忽略女方，女方偶尔抱怨，男方也没往心里去。逐渐地女方态度变冷，微信回复的内容越来越少，周末也经常不去找男方了。男方这才意识到大事不好，于是态度180度大转弯，对女方各种解释、各种道歉、各种关心、各种表白，一天发几十条微信，打十几个电话，但他越这样做，女方的回应就越冷淡。直到有一天男方发现自己被删除好友了，于是男方消停克制半个月才又把好友加了回来。可接下来女方还是爱答不理，男方试过通过女方的朋友圈内容寻找话题，结果女方把朋友圈给屏蔽了；男方试着写感想写检讨，女方说你别整这些没用的；男方试着用小号加女方微博，试着接近女孩闺蜜曲线救国，女方发现后警告说再这样朋友都别做了。

事情到了这个地步，男方才来求助挽回。

按上面的标准做个判断，目前女方对男方的负面感受将近达到厌恶程度，所以挽回非常难了。

再复盘一下整个经过。本来玩游戏忽略女孩只是"你对她不好"，男方如果早点警觉，这事非常好处理，只要多哄哄女孩，对她说"当然你最重要啦"，以后不再当着女孩的面玩游戏，以及女孩来电话来微信时不要让女孩知道你在玩游戏就没事了。

即使到了女孩变冷淡阶段，男方也不要姿态突然降低，而应该尽量淡化"玩游戏"跟"变疏远"的联系，行动上不再玩游戏就行了；态度还应该跟以前一样，轻轻松松开开心心，然后在女孩愿意跟自己接触的时候（这种机会开始可能不容易，不过咱可以耐心等待），尽量让女孩觉得轻松愉快，然后靠你们之间原本存在的吸引，再一点点让她回心转意。

千万不要把挽回搞成一件正式、严肃、沉重、痛苦的行为，这很容易把"你对她不好"升级为"品质不行"。

最轻的错误也是让你显得愚蠢，遭到她的鄙视。常见语言比如："请原谅我，再回到我身边吧。""我有什么问题？告诉我，我改！""我会一直等你！"

这样去挽回的过程中，女方感觉是：这男的怎么这么蠢？以前没发现啊，还觉得他是个有为青年呢，这不是一大傻瓜吗，我干吗要跟傻瓜继续恋爱呢？算了，给个面子凑合做个朋友吧。

一个男人一旦让女孩鄙视，基本上也就永远失去了对她的吸引力，所以即使做朋友也很难再有翻身之日。不客气地说，混蛋都比傻瓜的魅力要多一点。

但是很多男人不懂这些，他们发现对方不回来，就以为是自己表现得不够热烈，于是再把车轱辘话一天发几十遍，试图让对方看到自己多么痴情多么专一。但对方心想："天哪，竟然还有这么自私的人，玩游戏的时候我找他他从不理我，现在需要我了我就必须回应他。滚！拉黑。"

再往后，当女孩发现男的在暗中联系自己的闺蜜，偷偷用小号窥视自己的社交账号时，女孩的想法应该是：谢天谢地，幸亏他有打游戏这个爱好，要不还真没机会发现这个人是个变态，必须早点离开他。

到这里也许有人会说，不对呀老师，也有人就这么死乞白赖地挽回，结果也成功了啊，为什么呢？

答案很简单，这是小概率事件。有时候一些极端的做法，比如低三下四、歇斯底里，或许也能得到好结果，但前提一定是对方配合，很多文艺作品都喜欢这么描写挽回，因为好看呀，有冲突又有高潮。但误导人的地方也在这里，因为正常生活中女人很少会跟你这么沟通，这时候你还用这一套来求挽回，更多的结果就是永远出局、万劫不复。最后可能有人会问：我已经不小心达到被鄙视的程度了，那接下去该怎么挽回呢？

操作的原则就是：不管你做什么，都一定不要再增加她对你的负面感受。

这么久不联系，万一她被别人追走怎么办

在我做约会咨询时，经常会出现如下情境：女方已经对男方的频繁示好越来越不耐烦了，于是我建议男方这段时间（通常是半个月到一个月）暂时不要联系了，等到对方态度缓和再说。然后男方就会说出这句话："这么久不联系，万一她被别人追走怎么办？"

如果我是个情感专家，这时就应该抡起大棒子让他清醒一下。但我还是习惯用严密的逻辑分析来解释这个问题。

首先，咱们的目的是追上这个女孩，如果存在一个能让你早日成功的方法，那当然应该立即拿来使用，谁不愿意早些得到意中人呢？但遗憾的是，这样的神招不存在。

而眼下的情况是，你的追求受阻了，人家不想搭理你，你继续这么追求下去，人家对你的感觉只会越来越差。

所以我们目前的选择只能是退避三舍，让人家对我们的印象不要继续恶化，等到女方态度缓和了，再继续交往。

然而男方担心的却是，退避三舍让出阵地，会不会被其他追求者乘虚而入？

那么请问,你凭什么认为自己留下来就能阻止其他追求者?

如果你留下来就成了女生的男朋友,那倒是可以阻止其他追求者。但是,如果你留下来就能成为女生的男朋友,那么不需要其他追求者的存在,你也应该留下来。可是前面已经说了,那种神招不存在。

既然你留下来又不能成为那个女生的男朋友,你凭什么认为你的持续联系就能阻止其他男人的追求呢?

是因为女生读了你的微信,就不想跟别人的男人聊天了?

是因为女生拒绝了你的邀约,就不想跟别的男人见面了?

是因为女生收到了你的礼物,就对其他男人的礼物不屑一顾了?

……

大家看出没有,所有这些下意识的思维都根结于一种深深的自恋。

这正是很多提问者内心深处的想法——我在追她,我对她的生活就会有影响,所以我不能停止追求,不能停止对她的生活的影响。我不影响她,别的男人就会影响她;我在影响她,别的男人就不能影响她。

分析到这里,相信大家可以看出这种思维的愚蠢可笑了吧。不幸的是,很多在生活其他方面正常甚至优秀的男人在遭遇恋爱挫折的时候,脑子都会这么想。

深入挖掘,抱有这种想法的男人除了心理自恋、思维混乱之外,还有一个执着的陈腐观念,那就是——女人不是独立的动物,都容易被男人影响。

接下来,我要把上面的内容顺序倒过来再陈述一遍,向大家揭示一个更深层的规律。

"女人不是独立的动物，都容易被男人影响。"——作为观念，这句话不容易让人觉得有什么问题。事实上，观念这东西常常没有对错，只有合乎时宜与否，放在别的时代情形下，这句话可能会是正确的。

"我不影响她，别的男人就会影响她；我在影响她，别的男人就不能影响她。"——作为想法，这句话多少让人觉得有些别扭，但错误也不是特别明显。

但正如前文所说，只有落实到行为层面，我们才会一眼看出其中的可笑与荒谬，因为这与我们的生活经验完全相悖。

我们每个人的生活都是按照"观念——想法——行动"这个顺序进行的，不合时宜的观念最终会导致处处碰壁的行动。但遗憾的是，只有极少数富于自省能力的人能够根据失败的行动去逆推，认识到应该更新已经陈腐的观念。而多数人只会感觉不甘心，只会继续停留在"是不是方法还不够好"这个层面，这也就是那些恋爱受挫的人总想要个"神招儿"的原因。拿本案例为例，很多人所希望的"神招儿"本质上都可以继续维护"女人应该被男人影响"这个观念。

这是作为"人"这种动物很难跳出的局限，我们常常都是观念的奴隶。

扯得有点儿远了。回到案例本身，相信大家已经知道正确思路了，答案就是：作为追求者，你能影响的只是女孩对你的印象和态度，至于别人会不会追她、她会不会喜欢上别人，你永远无法控制，即使你跟她成了情侣以后也是这样。

所以准确地说，"这么久不联系，万一她被别人追走怎么办"

这句话的回答只能是:"那你就认倒霉呗。"但你要想明白——继续联系,她被别人追走的可能性一点也不会因此降低,而你自己的形象却一定会越来越差,让你追到她的机会越来越小。这才是对你的选择有意义的判断。

换句话说,你和其他竞争者都有各自的成功概率,这是由你们各自的价值和魅力决定的,你此刻的持续联系只会让自己的成功率下降,而不会对其他竞争者的成功率有任何影响。

另外,还有一种男人的担心是——这么久不联系,她和我的关系会不会就逐渐变淡了?

是的,长时间不联系,站在男人自己的角度,你们的关系有可能变成一碗白开水。可是你有没有想过,继续联系下去,站在女人的角度,你们的关系马上就会成为一盆狗屎汤(只是男人自己闻起来狗屎汤还是香的)。所以,从这个角度而言,那些低情商的男人往往本质上也是自私的家伙,还真不值得女人同情,更不值得女人选择。

其实很多时候,这些男人自己也知道已经没什么可聊的了,但是一想到不联系关系就可能越来越远,就可能被别的男人乘虚而入,于是就继续硬着头皮没话找话。过各种情人节也是如此,不是因为想跟她一起浪漫,而是担心如果不给她过节就会失去她……唉,对男人这种动物来说,最大的动力永远都是怕而不是爱。

"套路"与"反套路"

有一次在曼谷旅行，那里的出租车司机多数不打表，他们的开价一般是正常打表价钱的 2~3 倍，由于泰国物价低廉，通常我也就接受了。但有一天，我突然想做个测试，看看咱们的魔鬼沟通学能不能用在讨价还价这件事上。

那次，我从酒店出发去另一个酒店，两地相距 1 公里，打表价也就是 40 泰铢左右。上车之后司机没打表，直接把我拉到了下车地点，然后他回头用蹩脚的英语对我说"one hundred（100 泰铢）"。

以往的经验告诉我，这个时候如果你去质疑他——这么近的距离为什么这么贵，这些司机一定会表现出愤怒的架势，好像你侮辱了他的祖宗八辈似的，他们会一边手舞足蹈一边用你听不懂的语言喋喋不休，然后呢？为了息事宁人，人生地不熟的外国游客就只能赶紧交钱走人了。

我琢磨了一下，这一定是所有出租车司机都熟练的套路，在说出宰客价之后，他们只见过乘客的两种反应：服从或者质疑。因此接下来他们的行为也是模式化的，所以我也打算用套路来对付套路——首先打破他们的心理预期。

记住，反套路的第一要义就是：让对方进入你的套路，而你不要掉进对方的套路。

于是当听到"one hundred"之后，我摊开双手笑着说"no money（没钱了）"，一瞬间，那个司机的表情就僵住了。按说这时候他遇到了无赖，应该愤怒才对，但是在意料之外的场景里，多数人反而会压抑情绪（出租车司机只会对质疑价钱的乘客表演准备好的愤怒）。看到司机的迟疑，我得寸进尺："Is it free？hahaha……（免费的吗？哈哈哈……）"，这时候，司机一脸无奈，他一定觉得遇到了不可理喻的神经病。

接下来，我开始说中文："别担心，开个玩笑而已，看给你急的……"我知道他听不懂，我只是用这种方式继续表现满不在乎的样子，目的是用我的气场死死压住他，让他根本无从表达自己的情绪。

最后一个环节，我觉得可以收尾了。话说今天的目的基本已经达到，没被司机气势汹汹地嚷嚷已经让我心满意足，给他100泰铢倒也无所谓。

于是，我拿出一沓20泰铢的钞票，一张一张，慢慢放在座椅上，每放一张还跟司机师傅做个眼神交流，1——2——3，到了放下第三张的时候，这个司机自己绷不住了，他拿起60泰铢，说"ok ok……（行了行了……）"一脚油门就跑得没影了。也许他担心这个外国人会不会突然反悔，再把钱收回去。

多年之前我看过一个故事，一个催眠大师在举办一次盛大讲座的时候被一位观众当场质疑，那位观众说："催眠是假的，我才不相信呢，有本事你现在就把我催眠。"大师说："好的，请上台来。"于是挑战者走出观众席，走到舞台上。大师伸出双手要跟他握手，他也礼貌地伸出了自己的双手，但就在两个人都面带友好的笑容，四只手将要接触的瞬间，大师突然俯下身去系自己的鞋带，完全无视面前的挑战者。挑战者被晾在聚光灯下，双手悬在空中，身体和表情也僵硬地呈现在众目睽睽的舞台之上。就在这个时候，大师突然对他说："请坐到椅子上……不要看台下……放下双手……闭上眼睛……"不知所措的挑战者一一照做，大师接下来成功地对他实行了催眠。

虽然这个故事的真实性有待考证，但其中的原理是说得通的：打破对方的心理预期——让对方瞬间陷入傻掉的状态——然后趁机对其施加影响。

我对曼谷出租车司机使用的方法背后也是同样的道理，广义而言这也属于"催眠"。很多人都对催眠有误解，其实催眠并不是要让对方睡着，而是让对方在不知所措的状态下只关注和接受某一类信息。

面对"套路"的"反套路"分五步：

1. 设定预期：大师与挑战者握手是设定预期，出租车司机对我说出"one hundred"也是设定预期。

2. 打破预期：打破自己设定的预期，或者打破对方设定的预期。

3. 权力真空：让当事者不知所措。

4. 主动引导：以从容自信的气势对对方发出指令或者暗示。

5. 达成目标。

这些方法能不能运用到生活中呢？

很多地方很多时候，或多或少都能用得上。

记得高中时我们全班去社会实践，在县城的长途车站等候回北京的大巴。大巴车有前中后三个门，调度员让乘客都去前门排队。那天等车的人很多，估计有上百人，我们十几个同学排在最后，女同学已经累得直不起腰，这种情况下别说抢到座位，能不能上车都是问题。这时候，我们几个男同学急中生智，大家耳语了几句，然后对女同学说，你们跟紧队伍别离开。接下来，男同学们突然大呼小叫冲向大巴车的中门和后门，站在了门前。这下子，很多正在排队的人也跑出了自己的队伍，排到了我们后面，女同学们顺势往前移动。那天她们不但顺利上车，而且全部有了座位。

事后回味，这个方法的巧妙之处是从头到尾，我们并没有对其他人发出过任何请求和要求，甚至连暗示都没有，我们只是做自己的事，而他们完全是自觉跟随我们过来的。

有一次我在商场碰到一个女孩正往餐厅走，恰好也是我要去的那个餐厅。餐厅门口站着领位员，领位员看到我们，开口就问："是两位吗？"女孩回头看到了我，还没来得及说"不是"，我抢过话来反问："两位给打折吗？"领位员笑笑说："没有。"我也笑笑说："好吧，那我们各吃各的。"看到这一幕，女孩也笑了。

回想一下，如果当领位员问"是两位吗"时，我只是老老实实地回答"我们不是一起的"，大概我就无法引起她的注意，但我相信很多人都会这么反应。

除了事先设计，生活中也有许多不期而遇的机会，时刻做个有心人，也可以让我们有意想不到的收获。

有一次我在海口下飞机换高铁去万宁，高铁车厢人很挤，两位大姐闲得无聊，把自己行李箱上的不干胶贴条撕下来粘在了洁白的车厢墙壁上。这时候旁边一个小姑娘严肃地提醒："不要这样做，干了之后很难取下来的。"大姐倒也是讲道理的人，马上把贴条撕了下来，同时不好意思地解释道："我们也不懂啊……"此刻车厢里的气氛略尴尬，这时我接了一句："要不贴我胳膊上吧，车厢冷气太足，来海南忘带长袖了。"然后大姐和小姑娘就都笑了。

每一个尴尬的瞬间其实都是破冰的最佳机会，因为它会形成一个"权力真空"。没有人敢说话，但大家内心都希望脱离这种状态，这时候只要你表达出积极轻松的情绪和想法，大家其实都愿意交流，你甚至可以立即成为人群的焦点和主导者。但是可惜的是，多数人面对这种场合，他们的下意识却是退缩和放弃。

更有甚者，比如我遇到过的一些宅男，他们在相亲的时候，面对女孩、女孩的家长以及中间人，在这个本应由他做主角的场合，却一句话都讲不出来，然后活生生被淘汰出局。并且这些屡战屡败的朋友还错误地认为，失败的原因在于"没找到合适的话题"。但实际上，不会聊天不会沟通，一定是你业已形成的僵化思维和表达方式，以及对人际交往的错误观念共同作用的结果，这些问题不做改变，再好的"话题"到你口中，转眼也会索然无味。

很多读者经常问我有什么精彩的聊天开场白，其实所谓"精彩"，恰恰就是面对尴尬情境的即兴发挥。事实上，不可能有一个现成的"精彩开场"放在那里，固定的套路永远不可能精彩。如果存在任何人都可以拿来就用的"精彩开场"，然后随便就能认识别人，这世界就没天理了。你可以不高不帅，也可以没钱，但绝不能没脑子。

不过当你读过很多我的书之后,也许会感叹——为什么魔老师总是有那么多精彩的即兴发挥呢?这是因为,即兴发挥其实也是建立在特有的思维方式以及对人际交往的深刻理解之上的。

如果你看过我那本《魔鬼聊天术》,就会知道关于态度、情绪、想法的"交流三层次"理论,每一个层级的沟通方式都能对他人行为产生更深远的影响,情绪的影响高于态度,想法的影响高于情绪。

这里提到的这些案例其实都属于情绪层级的沟通学,可以立即对对方产生影响,但时效有限、过期作废,不过如果你能活学活用,也会受益无穷。但至于更深远的影响,则一定是建立在想法交流的基础之上。

如何不被别人操控

控制成本：你会在恋爱中止损吗

经常有读者这样问我：

"跟偶然认识的女孩发了几次微信都没回复，要不要删掉？"

"跟女孩聊得还可以，但就是约不出来，还要不要继续？"

"跟女神交往快一年了，约会很多次，礼物送不少，也牵手过，但还是不接受我，要不要放弃？"

……

这些求助者的苦恼具体可以分为三部分：

1. 精神压力。期待越多失望越大，严重影响正常生活。

2. 经济负担。请客吃饭，有时候还送礼物，时间久了谁都会心疼钱。

3. 机会损失。为了表现对爱情的专一，拒绝接触其他异性，可眼看自己年龄越来越大，心中难免惶惶不安。

坚持，就意味着要继续投入，且结果还不确定；放弃，则意味着之前的付出全部打水漂。到底该怎么选择？

要想清楚这个问题，还是先从咱们的分层升级理论说起。了解魔鬼约会学的朋友都知道，男女交往从完全陌生到亲密无间分成四个阶段：接触关系—认识关系—朋友关系—情侣关系。所谓关系的意义就是双方共同认可，如果有任何一方不认可，关系则不存在。

但是很多人在陷入恋爱之后，他们会设想出一种虚拟的关系——追求关系。

说它虚拟是指，男人认为我追求她，我跟她就是追求与被追求的关系；但女性会认为，虽然这个男人在追求我，但我并不因此跟他就有追求关系。

这事从逻辑上挺难理解，我来做个比喻吧：你看到有个人在街上跑步，然后你开始在后面追着他跑，很快那个人也发现你在后面了，但如果你因此就认为他是在逃跑，你就是在虚拟你们的关系。

很多女人跟追求者的关系也是这样，她们虽然知道你在追她，但她们平时跟你聊微信、跟你一起吃饭的理由还是因为你们是朋友，并不是说你在追求、人家跟你交往就是在进行择偶了。所以当有些男人由于坚持不住而找女人摊牌让女人选择的时候，女人都会一脸蒙——我是和你吃了几顿饭，可我跟你有恋爱关系么？

男人认定了追求关系之后，他就觉得应该有相应的表现方式了——既然是追，我就要像个追求者的样子。

追求者应该是什么样子呢？主要就是要对她好，要专一、要诚心、要体贴，还要百折不挠……要经常聊天、要经常邀约、没事要问问有什么需要帮助，还要时不时送点小礼物……总之，要让她看到一个合格的未来男友。

还有，当她对我态度冷淡的时候，我要表现出迎难而上坚持不懈的决心，因为她可能是在考验我，如果我这么就轻易放弃，那又如何才能表明对她是真心？

以上这些想法对没有恋爱经验的人来说几乎是天经地义，但其实却是导致他们承受物质负担和精神痛苦的重要原因。比如说，有些男人跟相亲认识的对象天天打电话，实际上彼此没那么多话说，但男人觉得不打不合适，所以是硬着头皮联系。

按照分层理论，交往中的男女只有四种关系，并不存在第五种追求关系，且在每一个关系阶段内，双方都应该是平等的。即使我们是相亲认识，只要还不是情侣关系，那么就没必要天天打电话。

追求关系的坏处是把女人男人变成了甲方乙方，变成了一种"我有求于你"的关系。一旦进入了这种关系，那么只有我先达到了你的标准，才可能让你也来满足我的需求，于是追求就成了一个单方面自我证明的过程。

但问题是，多数现代女性根本就不认可追求关系，她们接受的择偶方式是，大家在平等基础上的相互了解，先从朋友做起，如果彼此感觉不错，就靠得近点然后继续了解，如果没有感觉，咱就保持距离。

这里我们把上面说过的精神成本、经济成本、机会成本统一归纳为"追求成本"，纯粹的相互了解不会让追求者预支大笔成本，只有单向证明才会有一方需要前期大量投入。

那为什么单向证明会是有些男性在追求时的本能反应呢？

有两个原因。

其一是受传统观念的影响。过去那种小范围的社会模式，人终其一生只能接触到有限的异性对象，这时候使用"诚意"是合理的，遇到心仪对象，就把你的"诚意"（背后就是你的资源）一股脑地投入进去，由于对方能够接触的异性对象也有限，所以她也愿意通过这种方式进行考察了解。

其二是男人的欲望本能。在男性看到女人的第一瞬间，欲望被激发之后，男性便有一种想要占有的冲动，这时候他们根本不需要"再去了解"，他们只想立即得到目标。

但是，这种单向证明导致的其实是男人跟男人之间的竞争，然后赢家通吃。古代社会虽然看起来是男方提亲让女方家庭选择，但实际上还是财大势大的男方家庭说了算。

而现代社会已经不是这样的模式，恋爱的本质变成了女人自己的选择，男追女有点儿像找工作。你想去一家公司，不可能先把其他应聘者干掉，或者威胁他们不去应聘，你只能让招聘者认为你比其他应聘者都优秀才能被录用。

不过问题是，虽然你已经不会傻得那么原始了，但你的傻一不留神变成了另一种方式。比如，为了显示你的诚意，你跟招聘的人说，我认定你们公司了，我一定不会让你们失望，让我为公司做点事情吧，开始不需要工资，甚至我倒贴也行，只要给我个机会，让我来证明自己的能力配得上公司。

这时你可能遇到三种主管：

第一种很有原则很强势，她直接让你滚蛋，因为你扰乱了人家的工作程序；

第二种主管抹不开面子又有点儿糊涂，于是就看着你每天来公司帮大家开门，扫地收拾垃圾，有时她也过来劝你别这样了，我们会根据应聘者的能力公平选择，但你笑笑说，没关系，我愿意的；

第三种主管很鸡贼，她看到世上有你这样的傻瓜觉得不用白不用，她不但让你每天过来免费上班，甚至还主动给你指派一些任务。

时间就这么一天天过去，公司还是没有任何动静，你开始不淡定了，免费工作干久了受不了啊，更何况你还经常看到其他应聘的人进进出出，时刻威胁着你未来的地位。

那些纠结于放不放弃的人，或多或少有些像这个"任劳任怨"的青年。但不管他如何一厢情愿，公司招人的规则不会改变。

所以经过总结，问题的逻辑是这样：传统社会小范围社交模式（封闭市场）——导致追求关系存在（男女都会认可）；现代社会大范围社交模式（开放市场）——导致追求关系不再存在（女性不再认可）——执着于追求关系的男人承受不起单向预支成本。

结论是：不是放弃目标，而是抛弃一厢情愿的追求关系。男女都是平等的，喜欢就保持联系，等待彼此认可的时机，在时机未到时没必要在物质和精神上大笔投入，没有大笔投入，自然也就没有了压力和痛苦。

话说回来，即使在现代社会，有一部分女性也会在某些时候认可追求关系，但她们也还是会考量自己的利益。这种人就有点儿像上面比喻的第三种主管，在交往过程中对男人的各种付出欣然接受，她们的想法是，你愿意这样追那就尽管来吧，至于结果如何我不保证，但礼物可是不会退还的，花销更不会跟你 AA 制。所以，遇到这样的女人，只会让认定追求关系的男人更加倒霉。

正常的现代女性在择偶过程中非常注重相互了解的必要性。相互了解并没有确定的时间，而是双方都满意了才进入下一阶段，而有些男人虽然表面上看起来有耐心，但其实想的却是"到底什么时候可以有结果"。时间的不确定性意味着女性选择的自由，但到了男人那边，时间长短变成了赌注的大小。在咨询中我不止一次遇到这样的对话，当我告诉来访者"你只能等待对方的变化"，男的就说："我可以等，但老师你能告诉我要等多久吗？"这句话的意思大概相当于："我可以赌，但老师你能告诉我要赌多大吗？"

所以从这个角度讲，真正的社交高手与玩弄套路无关，他们只不过是一些自觉认同并履行现代社会两性交往规则的人。当他喜欢一个女人时，他会主动开启交往，但如果对方回应不积极，他就继续自己的生活，然后等到下一个时机再次主动试探。在整个过程中，他不会让自己陷入焦虑的等待和失望之中，生活的每一分钟都是自己的，不是为某一个追求对象存活。

在物质付出上，社交高手也是如此，他们会选择与自己消费能力匹配的交往对象，在交往时保持自己平时的生活习惯。如果需要额外的物质付出，那么前提是对方也在你们的关系中进行过相应的投入但不要求对方一定得是物质投入。

由此可见，送礼物应该是彼此都表达过了情意好感之后的锦上添花。而那些在追求对象还没有任何付出时就送礼物的行为，除了赤裸裸的讨好和收买之外没有其他意义。

反过来，当女人主动愿意在关系中投入时，男人不要推脱客气，欣然接受就好。

比如，当女孩说："周末我去找你吧？"

你就回答："好啊，那我等着你来。"

但传统好男人会条件反射地回答："不用了，还是我去接你吧……"白白错过一次让关系走近的机会。

当她们风尘仆仆来找你时，你手捧鲜花等着，这就是一次绝好的对等付出，对关系的发展大大有利；而你非要自己带着礼物去找她，则会给你们的关系又增加一点不平衡。

不平衡的关系一定也是沉重的关系，背负着沉重的关系，时间久了你自然会纠结坚持还是放弃，平衡的关系不仅方向正确，实质上也让你自己轻松愉快。更为关键的是，平衡还有助于关系的推进。

最后，咱们回到本文开始的三个例题。

"跟偶然认识的女孩发了几次微信都没有回复，要不要删掉？"

如果将一个不回复你的微信号留在通讯录就能让你觉得不舒服，你的心态倒是应该再锻炼锻炼。其实你只需问自己一个问题："如果她对我有兴趣，那我对她还有兴趣吗？"如果答案是有兴趣，你就别删，拉长战线，隔几个月联系一次。对方如果烦你，她自己会删你的号。但如果留下，保不齐哪天姑娘就搭理你了。

"跟女孩聊得还可以，但就是约不出来，还要不要继续？"

同理。可以减低联系频率，有一搭没一搭地聊着和约着，不用天天绞尽脑汁如何聊如何约，这样你也不必付出太多精力和期待，保不齐哪天姑娘就愿意出来了。

"跟女孩交往快一年了，约会很多次，礼物送不少，也牵手过，但还是不接受我，要不要放弃？"

同理，降低约会频率，尤其不要再送礼物。如果还让牵手就继续牵手，约会完了就好好过自己的生活，有机会接触其他异性也别错过。

一句话，学会了控制追求成本，坚持还是放弃就是个伪命题，只要我们对那个女孩有兴趣，理论上就永远没必要放弃。

如何控制追求成本，教你三件事：

1. 精神成本。所谓喜欢有个客观指标，就是当你不跟她发生实际交流的时候，她占据你脑海的时间。精神压力主要是因为当你跟女孩不发生交流时，你总是想着她，但她基本不会想着你。我们恋爱追女孩，约会结束就随时放下，等到关系逐渐发展了，彼此思念的时间再同步增加。我们要主动出击，但不要有精神压力，就这么简单。

2. 经济成本。比如他自己生活的月开销是5000元，那么恋爱之后，初期开销也不过是6000元，增幅一般不会超过20%。但很多人一旦开始追女孩，月开销立马增加50%~100%，他们是拿出农民下聘礼的方式在追一个完全没有任何承诺的对象，时间久了自然吃不消。

3. 机会成本。在接触的女孩明确接受自己之前，高手不会拒绝跟其他有好感的女孩交往。有人会说"这样的追求太不专一了"，这里要强调的是，接触和沟通本来就与专一无关，它的准确意义是"主动争取相互了解的机会"，只有在双方经过了解彼此接纳，且有了正式承诺之后，才谈得上专一。

独立人格：遇到矫情的人怎么办

几年前我去五道口办事，那是个夏天的中午，我在华联商场门口等人。没过几分钟一个姑娘也过来了，这女孩属于猛一看挺漂亮、仔细看又觉得哪儿不对劲的那种。

这时候，一个阳光活泼的外国小伙儿踩着滑板"唰"的一下过来了。两人先是拥抱再是接吻，然后这女孩就开始噘嘴生气了，嘟嘟囔囔，大意是"你怎么让我等这么久"（其实没多久，魔老师可以作证，最多不过10分钟）。但外国小伙儿不知道这些呀，外国小伙儿诚恳地"sorry、sorry"说个不停，可是呢，姑娘把身子背过去了，就是电视里标准的女神不高兴姿态，外国小伙儿也赶紧转过去哄她；这姑娘又把身子背过去，外国小伙儿又赶紧转过去哄；这姑娘还把身子背过去……但是，这次外国小伙儿突然变脸了，表情一下子异常严肃，大概就说了句"ok，bye"，然后踩上滑板，头也不回一溜烟就消失了——滑板的作用让整个画面充满张力。

突然间，商场门口又剩下我和姑娘了。然后呢，她就开始哭哭啼啼了，网红脸变成了不知所措的哭丧脸，看着特别狼狈，刚才亭亭玉立的"女神范儿"一点儿都找不到了。

说实话，就在外国小伙儿离开的一秒钟之前，我还以为眼前会是国产偶像剧的经典场面：青春靓丽的女主高傲气嘟嘟，高大威猛的男朋友卑微笑嘻嘻，又是哄又是逗，间或还穿插几段眼圈湿润的情感表白，什么我绝不要让我爱的人不开心，她不开心就是我做得不够好之类的……

但是，外国小伙儿估计没看过这些偶像剧，就算看了肯定也不会相信世上有这么蠢的事。于是我幻想，如果我也踩着滑板追上去，告诉他其实你女朋友生气是假象，她只是想通过这样的方式确定你是否在乎她，如果你回去做出一些比较卑微的挽回举措（认错、求和），她一定会从侧面表示接受的……

大家说外国小伙儿听了我的劝解会什么反应？

——我情商太低了，赶紧回去认错去……

还是——去你的，我才不跟这种变态谈恋爱呢……

这里我想说的很简单，哄女朋友是必备生活技能，但是我们先要分清她是不是矫情的人，不是，可以哄；是，就该像那个外国小伙儿一样，踩上滑板立刻离开。

矫情的表现有很多，今天只讲最常见的一种，那就是：喜欢用鸡毛蒜皮的小事配合莫名其妙的情绪，随时随地让伴侣证明"在乎她"。

接下来我用"魔鬼约会学"的"沟通三层次"理论来分析一下整个发作过程。

拿案例里的姑娘来说，男友迟到固然不对，女孩闹情绪也情有可原，所以在开始阶段，她生气他道歉，这些都是正常的。

"沟通三层次"理论讲过，遇到问题，首先可以是态度表达。姑娘表示你不该来晚，男孩表示我确实错了，这是第一层级交流。接下来，如果姑娘情绪确实没过去，继续表达"我就是不开心"也无可厚非，男孩这时也应该共情技巧及时跟上，表现出"你不开心我也很难过"的样子，这是第二层级交流。

接下来是重点。本来一切就该到此结束了，迟到10分钟不算大事，不值得进行想法交流，但是，由于她们骨子里缺乏安全感，所以她们喜欢抓住一切机会来考验别人对自己的关注和服从。于是，或者继续高强度的情绪交流——让男朋友不停地哀求；或者升级到第三层级——想法交流，让男朋友来个真心大表白。如此操作完，这事才算有个圆满结果。

但是，外国小伙儿肯定觉得这一切太荒唐了，我们约个午饭，没事证明啥呀？

因此，这事荒唐的不是对"爱"和"在乎"的需要，而是"要求别人向你证明"。当你要求别人"向你证明"的时候，不管证明的内容是什么，你就已经凌驾于别人之上，你们之间就已经失去了平等和尊重。

但是，没有独立人格的人对此从不敏感，这才常常是分歧所在。

比如去商场被误会成小偷，要求搜身，很多人觉得被侮辱主要是因为要被保安搜身，如果被请到总裁室，让总经理开包检查估计就安静多了。但深入分析这个过程的几个要素：要求人的身份（总经理或者保安）、要求的目的（你是好人或者小偷）、要求的内容（开包检查或者全身检查），这三者其实都不是关键，真正的重点是"你要向商场证明"，如果你接受了这条，理论上以后你去所有消费场所，你都是那里的囚徒。

爱情当然可以被证明，但那是自然而然发生之事，是由天注定的，绝不应该是被任何一方设定的考验，更不应该是随时随地都可以进行的检查。

矫情的人不懂这些，因为她们缺乏独立人格，所以做事就只会看结果而没有是非，同理，男性如果缺乏独立人格，也会高高兴兴配合她们，还以为是自己了解女性心理。

拥有独立人格的人有稳定的被社会以及被他人的需要感，因此他们自信和自尊程度都会较高。而缺乏独立人格的人由于缺乏稳定的被需要感，因此在情绪受到波动时就特别容易怀疑自我，也会因此引发更激烈的情绪，而解药往往就是身边人不断通过情绪抚慰或者"证明"来让这类人安心，但毕竟这是一种治标不治本的方法。

在相当一段时间内，缺乏独立人格的人依然会存在于生活中，认清这类人的本质，做出自己的选择，是魔鬼沟通学想要对大家提供的帮助。

交往质量：别人把我当成"工具人"怎么办

群里一个学员问了这样一个问题。他喜欢公司里的一个女同事，但女孩对他的态度非常一般，平时微信回复一般不超过三个字。不过女孩一有事情就来找他帮忙，男孩虽然有求必应，可事情过后女孩对他还跟以前一样，两人的关系始终原地踏步，这让男孩非常苦恼，不知道这种女孩是什么想法。

在分析女孩之前，一定要先搞清楚这些男士平时是怎么做的，这才是关键信息。事实上，凡是这种事情中的男士无一例外都比较无趣，并且还经常爱和自己喜欢的女孩子没话找话。

看清这一点，女孩的心理就好分析了。

她们是这么想的：我知道你喜欢我，但我对你没兴趣，可是你不识趣老来打扰我，我是出于礼貌耐着性子在回复你，虽然每次只有两三个字，但对我而言已经是一种巨大付出了；为了照顾你的感受我平添了多少烦恼，那么当我需要帮助的时候，你理应向我回报。

所以这些女孩向男孩提出要求的时候其实是理直气壮的，她们根本不觉得是在求助，简直是来"讨债"的。

虽然我不认为女孩这么想是对的,但只有先了解她们的想法才有助于我们采取正确对策。

下面该说"怎么办"了。

首先排除"讲条件"这个错误选项,那个灰头土脸的结局咱们想象一下就够了——

男:让我帮忙,可要请我吃饭哟(故作姿态地)。

女:那算了。

并且以后再也不会理你,三字经都不念了。

其次,如果你答应她的要求,替她解决问题呢?

她会坦然受之,觉得一切理所应当,之后还是跟以前一样对你,直到她有了男朋友,你连帮忙的价值都没有了。

那么正确的应对方法是什么呢?

第一,对于正在发生的求助,我们不仅欣然接受,而且最好还给予超出女孩期待的帮助。

因为分内的帮助会让女孩觉得这是公平交易,而超出期待的帮助倒有可能让女孩产生一点意外惊喜,说不定还能帮你换来一两次深入交流的机会。

第二,要杜绝这种事情在今后继续发生的可能,因为毕竟这是个错误的行为。

如何杜绝呢?就是不要再让女孩觉得她是在"忍受和付出",你要控制平时聊天的频率和节奏,别没完没了地尬聊,不求有功但求无过,即使提不起人家对咱的兴趣,但至少不要给人家添堵。

也许有人会担心,不去积极联系那怎么才能升级关系?

追求固然要靠联系,但联系最重要的是质量而非数量,低质量的联系还不如不联系。所以归根结底,男士还是要提高自己的个人魅力和交流能力，否则在对方眼中，你作为一个毫无吸引力而且还没有自知之明的追求者，除了被无视，也就只有被当做"工具人"的命运了。

怎样才能对异性有吸引力呢？

在这里我给大家提供一个非常具有可操作性的方法。

回顾一下在你的生活中，你的好朋友是怎么评价你的？他们觉得你最有趣最闪光的地方是什么？这些问题的答案就是你生而为人最大的魅力。如果你要想吸引异性，一定要把属于自己的这些特点展示出来，千万别投其所好去假装你没有的东西，或者不切实际地扮演一个完美的人。记住，你最大的魅力其实就是自然状态下你在朋友面前最可爱的样子。

当然了，如果你回顾自己的生活，竟然找不到什么值得称道的魅力，那你还是先别奢求女神这个物种，努力提升自己为主吧。

最后再补充一点：会不会即使减少了联系，但有些女孩已经养成了习惯，依然拿我们当"工具人"？

请放心，首先，这么傻的女孩非常之少，其次，即使有幸被你遇到，你完全可以好好调侃一下对方，说不定还可以成为你表现真实自我的一次机会。当然，即使对方无动于衷，至少我们也是在一个让自己愉快的状态中终止一段本来就是错误的关系。

破解情感操控术的关键

我们在网上看到过很多人打着恋爱的幌子祸害女孩的新闻，极端的甚至迫使女方有生命危险，在气愤之余我们也会好奇，为什么一个人可以被另一个人操控到这种程度？

这里我们就来探讨一下这个问题。但这里的关键词是控制，因为任何想控制他人的家伙其实都不是好东西，而所有操控他人的手段背后都会依据一些相同的心理学原理，所以只要了解了其中的规律，就可以避免被别有用心的人控制。

接下来先给大家讲一个故事。

几年前我参加过一次成功学培训，这是我的一个朋友花了3888元购买的三天大课，到了第三天朋友觉得没什么新意了，就让我也去体验体验，目的是让我学习一下人家的营销手段。

我挂着朋友的胸牌走进会场，里面密密麻麻有一千多人，大厅里灯火辉煌很是气派。我当时想三天就能挣三百多万元，成功学真是太能忽悠了，但事后我才明白，三百万元还只是个"前菜"。

这时主持人上台，告诉我们接下来的环节是请某某大师给大家分享"半年公众号粉丝破百万"的秘诀（三天中不同的大师轮流上场）。

新一轮的营销开始了。

我们本来都是坐在椅子上的，这时候，主持人说道："下面请大家全体起立，欢迎某某大师进场！"

那一瞬间，我确实想都没想就跟着周围的人一起站起来了。事后反省，除了从众心理之外，还有个原因就是大家都起立，你还坐着就什么都看不到了。

全体起立之后，主持人继续调动气氛，向我们介绍这位大师如何如何厉害，这次能把他请来如何如何不容易，大师也是推掉了多么多么重要的事情，就是为了跟大家分享他的心得，为了我们这个社群的朋友共同致富……

说到高潮处，主持人高声喊道："下面让我们用最热烈的掌声有请某某大师上台！让我看到你们的态度好吗，一——二——三……"

于是主持人像指挥乐团一样，开始带领观众们有节奏地鼓掌，大厅里充满狂热的气氛。

这时候我没有鼓掌，同时脑子里开始琢磨一个问题：

曾经我也作为沟通专家给保险公司的上千名业务员做过培训，上台之前也得到过这样的礼遇。但是，业务员们热烈欢迎我，其实不是因为我多厉害呀，那是因为他们拿了老板的工资，老板让他们鼓掌他们就得鼓掌啊。

可今天，台下这一千多名观众（除了其中个别的托儿之外）都是付了钱的人，你来给我们上课，这是你的职责呀，我们最多跟你客气一下，鼓鼓掌就够了，为什么还要站起来，还要跟感恩救星似的迎接你呢？我们才应该是上帝吧。

203

这时所谓的大师登台了，一张嘴原来是个公鸭嗓，很不符合常人对成功大师的期待。但这次经历之后我才明白，作为不入流的"大师"，个人魅力其实并不重要，不需要玉树临风的形象和浑厚磁性的声音，重要的事只有一件——执行套路。

那么，套路是什么呢？让我们继续回到现场。

大师站在舞台中央，他既没有让我们坐下，也没有讲所谓的干货，而是开始聊眼前这么热烈的场面带给他的感受：讲他多么喜欢线下分享，讲他看到热情的观众内心有多么振奋，讲大家的支持对他是如何重要。

说着说着，大师突然让观众们跟自己旁边的人互相击掌，这时候的我已经坐了下来，我左右的观众想跟我击掌全部未遂，我冲他们苦笑了两下。

下一个环节，大师又讲起了能量场，说我们这么多人为了同一个目标聚在一起，这会有一种神奇的能量，这种能量可以让我们更快地实现自己的愿望，但是这种能量还没有达到巅峰值，还可以进一步被激发。所以此刻让我们都嗨起来吧，进一步发掘自己的潜力，来，每个人原地跳高！

于是大厅里像耍猴一样，观众们上蹿下跳，一个个欣喜若狂，期间我特地站起来扫视了一下全场，只有大约不到十个人坐在座位上没有参与。

再接下来，大师终于开始分享所谓的干货了，气喘吁吁的观众们还是站着在听，场面就像看演唱会。

讲干货的时间不长，大概相当于四五首歌的长度，内容也像流行歌曲的歌词一样水。

之后大师发问了："你们今天有没有收获？"激动的人群举起

了很多只手，大师继续问："想不想跟我继续学习？"还是有不少人继续举手。

于是主持人就把其中的十几个人请到台上站成一排。

接着大师就开始讲实践的重要性了：

光听理论是不够的，行动才能真正改变自己的生活。

为了配合大家的心愿，大师新近研发了高级私教课，学费大概是15万元到30万元不等。

接下来，就看你们有没有改变自己的决心了。

有决心的话现在就交出5万定金！

这时候漂亮的礼仪小姐已经拿着POS机上场了，笑盈盈地走到这十几人面前。

未来的人生赢家不会连区区五万块钱的投资还要犹豫不决吧……

头两个人二话不说拿出银行卡就付款了（也许是他们自己人）。

再往后的人，有交钱的，也有表示要再考虑的，也有说信用卡额度不够的，主持人马上接道："没关系，只是表个决心，不够五万元刷三万元，不够三万元刷一万元也行。"

就这样，前菜结束主菜上台，营销大会进入了最后的成交环节。四五个工作人员分别拿着POS机走上了讲台，想买课的观众纷纷拿着银行卡围拢过去。这时候，我发现一个女孩走进了大厅，她一脸焦急找到主持人，我马上凑过去偷听，原来女孩昨天刷了5万元定金，今天想要来退款……主持人微笑而坚定地回答："这个我不能决定，你可以把理由告诉我，我替你向上级反映，过几天给你答复。"然后女孩就被一个工作人员给领走了，老实巴交的姑娘自始至终也没有大喊大闹。

故事到这里就讲完了，说实话这半天的培训确实让我收获不少。

虽然早就听说过一句话，"成功大师仅靠一张嘴"，但我的理解一直都局限在这张嘴讲出来的内容上面。因为我自己开设的培训就是这样：先写很多文章，大家读过之后觉得有道理，并且在生活中实践了之后发现也好用，然后才会来参加我的课程。所以，我一直都天真地以为，成功学至少也应该是在发财成功那个领域先给大家一些干货，而干货就是那种你安静地听讲就能获得的具有可操作性的知识。

结果，我发现实际情况完全不是那么回事。成功学的销售过程基本像个体育比赛，观众一定要激烈地运动起来，运动到失去理智的程度，绝不能保持冷静。

后来我又得知，其他一些身心灵培训的线下销售也是让观众们互相抚摸拥抱，甚至出现痛哭流涕的场面。反正一句话——抑制理性，然后赶紧买单就对了。

社会舆论常常说这些人是骗子。但通过亲身观察和思考，我发现至少成功学还真不属于严格意义上的欺骗，确切地说，他们使用的是一种操控术。

欺骗跟操控有什么区别呢？

欺骗和操控的目的都是影响别人的行为，但欺骗是通过向对方提供虚假信息干扰对方的判断，进而影响对方的行为；而操控是通过入侵对方的疆界来扰动对方的情绪，进而影响对方的行为。

在社会生活中，每个人都有自己的疆界，疆界意味着只有我们自己才可以支配自己的身体和行为，当别人试图影响我们的行为时，只能通过影响我们的想法来实现。这就像有人要进你的家，他需要先告诉你他是谁或者他要做什么，在得到你的允许之后他才可以进来。

在文明社会，每个人都是通过提供真实信息（包括客观事物的信息以及我们自己的想法和看法）去影响他人，这是人与人之间正常的交互方式。即使你的老板命令你起立鼓掌，也是你认可了他是你的老板，在权衡利弊之后你自愿做出的选择。

但骗子会冒充你的老板让你起立鼓掌——这就是欺骗；而操控者会用老板的语气直接命令你，让你猝不及防就起立鼓掌，但他并没有冒充你的老板——这就是操控。

当然，操控不是简单粗暴地入侵疆界并且直接拿走利益，要达成这个目标还需要一系列技巧，这些技巧的目的都是为了扰动你的情绪和判断。

下面我就以成功学的销售为案例，分析一下操控术的套路以及背后的心理学原理。

第一步：展示高价值，建立权威。

道具展示：会议一般都在五星级酒店的会议大厅举办，VCR介绍大师时往往有他们出行时的豪华车队。

社交认证：大师们个个身价过亿，大师的学员中很多也是身价过亿的企业家。

如此这般之后，可以让一个陌生的课程导师迅速在观众心目中树立起权威的形象。

第二步：越界——权威建立之后就要立即侵入对方的疆界。

在人际交往中，如果是普通人越界，多数人会很敏感；但如果是权威越界，多数人的容忍度就会提高很多。这就是建立权威的意义。

越界的三个要点：

1. 越界要趁热打铁，因为权威效应会随着时间递减。

2. 越界要直接，不解释原因也不征询许可，直接以命令的口吻向对方提出要求。

3. 越界要轻微，开始只提一点点要求，这样再加上你是权威，对方通常不会感觉"不合理"。

实际应用：命令观众起立。在起立的一瞬间，老师和观众已经不是平等关系了，但是观众们根本意识不到。

第三步：讲剧本。

越界之后不要马上深入对方的领土，否则即使你是权威，对方依然会有抗拒。因为越界侵犯的只是原则，深入领土侵犯的才是利益，而普通人都是对原则不敏感但会在乎利益，所以操控者在获取利益之前还要有一段重要的铺垫。

剧本在这个阶段就出现了。

剧本的作用是让操控者立足于你的疆界内继续指挥你的行为。

只有在你的疆界内讲出来的剧本对你才会发生影响，局外人听这些剧本都会觉得荒诞不堪。

"能量场"就是我所参加的这次销售的剧本，其作用就是通过指使观众上蹿下跳来训练他们"听话"。因为正常成人不会平白无故做这些行为，但有了能量场这个概念，蹦蹦跳跳就有了理由，至于能量场究竟是什么，谁也不会计较。

第四步：引导无利益的付出。

讲完剧本之后，还是不能直接索取利益，操控者要继续强化观众的服从性，要让他们不断地做一些无利益的付出。

要点：

1. 行为上的不断付出，会让被操控者对操控者产生心理上的依赖感和信任感。

2. 由于付出并不能让操控者获利，所以被操控者不会产生对操控者的怀疑。

实例：让大家击掌、跳高，像耍猴一样指挥整个大厅里的人，观众们反而更加愿意跟随大师。

第五步：转移认知和强化。

本来你击掌和跳高只是为配合大师的能量场剧本，但是在你这么做的时候，大师还会在台上一遍遍问："大家感觉到能量了吗？""今天有没有收获？"很多人都会兴高采烈地回答："感觉到了！""有收获！"最初这些回答可能只是在起哄，但是没有关系，就是在这反复的一问一答之中，不知不觉你的认知归因就被转移了，你会真觉得好像有点作用，因为言行一致是人的本能之一，否则你会产生认知失调的不愉快。

结果就是你逐渐愿意相信大师有水平、课程有价值。请注意，我说的是"愿意相信"而不是"相信"，因为如果不去相信的话，你会不舒服，你会觉得刚才上蹿下跳、大呼小叫的自己像个傻子。

第六步：签约。

所谓签约就是用一种隆重的方式表达——我认可你说的这些，并且愿意为此付出。

上台的过程即签约，挑出那些承认课程有价值，并且愿意深入学习的人，让他们站在众人面前，这种仪式就是签约。

第七步：收割。

签约之后，当着众人的面，你就要兑现诺言了，用交定金来证明你不是一个言而无信、优柔寡断的人。

在整个营销过程中，干货其实并不重要，随便从网上复制一点知识，只要不是漏洞百出的，就足以应付这些狂热的观众，因为情绪激动的人没有辨别能力，营销的主要任务就是制造狂热和激动。

这里还要强调一点，成功学操控观众跟渣男操控女性有一个区别，前者是一对多，后者是一对一，前者多了一个优势，就是受众有个群体暗示效应——即便开始时每个人只是勉强为之，但因为看到其他人都在做，就会以为自己的怀疑属于少数派，于是逐渐从行为上屈从大众，并且内心也会强化信任。

渣男没有这个优势，但渣男有的是时间，成功学的现场销售只有几个小时，而渣男则可以全天候进入女孩的生活。

真正的渣男在追求女性的时候不一定伪装超高价值，他们不会像速推 PUA 一样朋友圈都是豪车别墅。这是因为渣男是要深度控制女孩的生活，具体目标不外乎两种：获取财物和变态关系。

下面让我们先从渣男想要的结果来逆推套路。

渣男的最终目的是让女方做出巨大的付出，但这种程度的付出对女方来说已经不可能是为了得到回报，因为没有任何回报值得上这种付出，所以女孩付出目的通常只有一个——证明自己。

证明自己什么呢？证明自己对对方的爱。

为什么要证明呢？因为你已经签约了。

两个人在关系中签约不是很可笑吗？为什么会做这么可笑的事情？因为之前做过很多类似可笑的事情，你已经甘愿听从渣男指挥。

为什么甘愿听从渣男指挥？因为渣男有一个传奇剧本。

所以最简单的判别渣男的方法可以放在剧本这个环节。渣男通常都有一个悲情故事，故事的女主角一定是个高价值女人（触发女性之间的嫉妒和竞争），女主角不是病死就是被车撞死，给人世间留下一个多情的男人……

为什么你会相信这么恶俗老套的剧本？因为渣男是在你的疆界之内给你讲这个故事，疆界里的人都是你信任的人。

但是渣男又是怎么进入你的疆界的呢？

因为渣男一定是个越界高手！

在两性关系中，男性的越界行为（不由分说地命令或者触摸）常常会让某些女性产生"这个男人很爷们"的感觉，所以相当有迷惑力。

说着说着就回到了套路的起点，接下来我们按正常顺序说一遍渣男操控女孩的方法。

通常，渣男在恋爱初期的表现都是正常好男人，温柔浪漫关心体贴。

在你跟他相爱之后不久，由于你的一次小失误，渣男会突然对你大发雷霆，但很快又向你诚挚道歉。这就是越界技巧，大发雷霆的表现通常是激烈的指责（有时会加入一点点谩骂），但一般不会有肢体暴力，否则就越界太多了。

一个标准好男人突然做出这样的越界举动，只有极少数头脑清醒的女孩会触发理性，会意识到这是对个人疆界的侵犯，应该不管什么理由立即终止情侣关系；而大多数女孩都是触发情绪，然后会认为这也是对方的一次情绪失控，甚至觉得这是真性情的表现，进而引导她们对这个行为反常的男人产生好奇心，这就给了渣男下一步机会。

在你原谅他之后以及你流露出好奇心的时候，渣男开始讲述早已准备好的剧本。

剧情通常是：多年前他曾经有过一位出色女友，那个女孩如何如何爱他，但他年少无知不懂珍惜，一次又一次伤害女孩，但女孩痴心不改地对他好，直到他终于幡然悔悟，准备好好珍惜这段感情时，女孩却遭遇不测离开了人世；从此之后，他再也不相信还会遇到真爱，终日放荡人生，虽然也交往过几个女孩，但不过是一次次印证他对爱情的失望。

直到遇见了你之后，他似乎找回了当初的感觉，但是多年的不正常生活已经破坏了他的情感能力，所以在你面前，他都是小心翼翼隐藏自己，但有时候，一不留神还会犯病，所以他很痛苦很纠结，觉得也许自己应该默默死掉才对，说到此处，渣男通常会配合顿足捶胸号啕大哭的表演。

此刻你的防线已被彻底击垮，你不但原谅了他对你的粗暴言行，甚至还想用爱情拯救眼前这个可怜的家伙，顺便也战胜那个并不存在的"高价值女人"。

这时候，渣男会趁机埋下伏笔，告诉你以后保不齐他还会犯病，你要受不了就趁早知难而退。但他越是这样说，就越是激起你的征服欲。你一定要搞定这个所有女人都搞不定的男人，于是不知不觉中，你进入了渣男布下的签约陷阱。你庄重地许下诺言，再苦再累再委屈，也要证明自己的一片真心。

之后，痛并快乐的日子继续过着，期间渣男时不时假装犯病顺便对你提出各种奇葩要求，目的是强化你逆来顺受的习惯和对他忠贞不渝的决心。

直到某一天，收割的时刻降临，你又被抓住了一个小错误，但这次渣男不依不饶，表示再也不会相信你了，指责你说一套做一套，骨子里跟那些无情自私的女人一样，而此刻的你已经被深度套牢，所以你心甘情愿这次要玩个大的来彻底证明自己，于是渣男向你提出真正的要求……

所以，操控术都是有规律的。

对比渣男以及成功学，让我们总结一下操控术的要素以及流程。

成功学：高价值（制造权威）——越界——剧本——（无利益）付出——强化——签约——收割。

渣男：高价值（制造吸引）——越界——剧本——签约——（无利益）付出——强化——收割。

在所有这些要素中，最恶毒的是收割环节，最套路的是"剧本——签约——付出——强化"过程，而最重要的却是越界环节。

正常的社交逻辑是：因为我信任你，所以你才会进入我的疆界，而越界利用了人的错觉，倒置了这个因果关系——因为我进入了你的疆界，所以你信任我。

自我疆界如同免疫防线，帮助我们预防人际关系中存在的潜在危害，免疫力一旦被破坏，病毒就可以在我们体内肆虐横行，而越界就是社交免疫力的杀手。

同时，越界有时还是一种相当有效的社交技巧。曾经网上有一篇文章，说看到一个提着行李箱正要上台阶的美女该怎么开口，常人的做法是说："请问需要我帮忙吗？"但如果这样做的话，很多女孩都会拒绝，于是文章的作者说，成功率高的做法是：不必询问，上去直接说"让我来"，同时拎起箱子就走。

我相信，这个方法在咱们这个环境确实有效。

如果把越界仅仅限制在认识对方这个范围内，倒是没什么不好，但由于人性的贪婪，一旦可以随意进入他人疆界，很少有人能克制自己不去进一步作恶。我估计正是因为意识到了这个问题的严重性，所以在西方社会，他们对人际之间的疆界特别敏感，在对陌生人施助的时候先确认一下"需要帮忙吗"，已经成为一种共识，绝不能因为你是一片好心，就可以不经允许进入别人的空间。

但是在我们这个熟人文化的社会里，多数人不懂什么叫自我疆界，这就给了操控者可乘之机。成功学和PUA这两样源于西方的事物之所以在我们这里能有如此之大的市场，简单一句"傻子太多"其实并没有多少意义，我认为更准确的解释就是：因为大众的疆界意识普遍不强，所以一旦遇到了操控者，很多人都会被牵着鼻子走。

在两性关系中，疆界意识弱的一方更容易成为居心叵测或者心理变态的对象的受害者。家暴就是一个典型的例子，家暴关系不是一天就能形成的，施暴者在真正施暴之前往往有很多越界行为，而受暴者一次又一次的忍让赋予了施暴者施暴的信心和勇气。反之，对于疆界意识明确的女性，她们会在有家暴倾向的男人第一次露出越界苗头的时候，就坚决把这种男人隔离在她们的私人生活之外。

在家暴出现的时候，头脑糊涂的女人经常会被动机迷惑——"他打我也是因为太在乎我吧……""他在其他方面对我特别好，是个还不错的男人……"而头脑清醒的女人则只关注行为（有没有越界）——"只要你对我动手，就算你是个活菩萨，老娘这辈子也不跟你过了。"

所以对付越界，女人需要一些理性，不能总是活在当下，不能总是依靠情绪和感受。

说了这么多关于操控的内容，最后讲几句渣男吧。

渣男比成功学坏多了，因为渣男是"骗子＋操控者"的二合一。成功学的剧本只是虚但并不假，而渣男的剧本则完全是胡编乱造；成功学只是为了赚钱，而渣男则是要榨干他的目标。

前一阵看了一个关于 PUA 现象的视频采访，结尾时节目里的女孩子说，为了防范渣男，最好的方式就是拒绝所有搭讪的男人。

确实，搭讪的人都会采用越界技巧，用"雄性领袖"的气势外加不错的衣着形象强势打破女孩的防范，并且会有一定效果，比如他们会上来就命令女孩，或者对女孩进行肢体接触，这些行为在外人看来是耍流氓，但对疆界被入侵女孩（尤其是那种特别感性的女孩）来说，却会产生"信任"和"依从"的错觉。

所以，我想说的是，如果仅仅用"搭讪"这个标签防范坏人，恰恰不能让女孩子们真正明白什么是自我疆界，而没有疆界意识才是最大的危险，即使你躲过了街上的渣男，也躲不过生活中其他地方的控制者。

所以，要想不被生活中各种各样的操控者控制，最关键的不是关闭社交（或者说关闭某种方式的社交），而是应该建立清晰牢固的自我疆界，要时刻提醒自己——你的身体和你的行为只能由自己支配，对于那些挂着笑容试图入侵你的疆界的人，尤其是那些权威或者有魅力的家伙，你要格外小心。

如果说识别剧本的真假靠的是智商，那么保护好自己的疆界则依赖的是情商，因为越界的目的就是为了扰动你的情绪和让你失去判断力，而控制自己的情绪不被扰动恰恰是情商的一个重要方面。所以现在或许可以理解，在防范操控、保护自己这件事上，情商比智商重要得多！

用心理战对付死缠烂打的男人

坚持追求自己喜欢的姑娘并不一定就算死缠烂打。死缠烂打指的是给姑娘的生活带去极大的困扰和烦恼的追求方式。

面对死缠烂打的男人，很多女孩都无可奈何，只能感叹自己运气太差、遭遇奇葩。但如果大家了解这种男人的心理，其实还是有方法对付他们的。

死缠烂打的男人中有一部分属于习得性错误观念。比如从周围人或者影视作品那里得知，死缠烂打是追求女孩的独门秘诀，只要坚持就一定有效。这种人其实并不愿意死缠烂打，只不过为了追到喜欢的女孩，就像打针吃药一样逼着自己行动。因此只要持续一段时间看不到效果，他们也就放弃了。

另外一部分死缠烂打的男人则属于轻度偏执型人格障碍。他们是发自内心、自觉自愿、坚持不懈地打扰被追求者，这种人格障碍的一大特征是"忽视或不相信与自身想法不相符合的客观证据，因而很难以说理或事实来改变他们的想法"。所以，这些才是真正的死缠烂打者。

这些死缠烂打的男人，他们虽然非常爱慕追求的女孩，却从来不相信这些女孩，不相信她们对自己的拒绝，不相信她们对自己的判断，总认为女孩还不了解自己甚至是误解了自己，总觉得女孩一旦了解自己就一定会接受自己。

所以，在对付偏执型人格障碍的死缠烂打的男人时，女孩的严防死守恰恰是错误的，因为你越是拒绝就越是让这些男人深化一个信念——她一定是还不了解我或者误解了我，而我决不能放弃。

那该怎么办呢？答案就是反其道而行之，不要一直拒绝，而是拒绝——接受——再拒绝。

具体操作办法是：不要总是拒绝死缠烂打男人的邀约，而是偶尔答应他们的邀约，然后再"放鸽子"。

男人最恨被女人"放鸽子"，所以呢，让他们产生"恨"的感觉就对了，这才能让死缠烂打的男人自我怀疑并且知难而退。不过女士们应该掌握好分寸，做到"文明放鸽子"，不要等到他们已经出发赴约再告知自己不能过去，因为咱们的目的是打击他们的信心，但没必要让他们在时间和金钱上受损。所以，提前一天通知他们，说自己临时有事，比如要陪闺蜜、要看家人、身体不适、不想出门……反正就是不能赴约了，随便找个理由就可以，目的就是让他觉得自己不被重视，下次什么时候再见也不知道。在两三个月内放他几次这样的鸽子，通常这些男人中的大部分就不会继续纠缠了。

放鸽子这招儿的关键是改变死缠烂打的男人对追求受阻的归因，从"她不了解我"变为"她不在乎我"。如果你坚持拒绝他们，他们就会认为是"她因为不了解我所以才一直回避我"；但是你先接受然后再拒绝，他们就会有这样一个心理过程——"她答应见面看来是对我有所了解了（这些男人会把每一点进展都当作自己魅力的体现），而放鸽子却说明她其实不在乎我"。

偏执型人格的另一特征是自恋，当一个自恋的男人认为自己是"寂寞的山谷里的野百合"时，他们还会幻想有朝一日成为"你眼中最美的花朵"，因此会执着地站在你的面前，期待着你终将而至的关注。但是，如果你把它拿起来看了一眼，然后再丢弃到角落里呢？为了维护脆弱的自信，他们只能认为是女人没有品位，所以最常见的指责就是"这姑娘不守信用人品太差"。

不相信别人的判断，只相信自己的判断，这正是偏执型人格的特点。现在好了，他们对你的评价已经悄悄改变，你俩从此大路朝天、咱们各走半边。

偏执型人格的人很少有自知之明，很少对自己的偏执行为持否认态度，因此在社会上人数和比例确实不详。在调查研究中还发现，偏执型人格障碍患者中以男性较多见，内向型和外向型性格的人均有发现。

"放鸽子"这招儿是我无意发现的。曾经有很多死缠烂打的追求者找我求助，我在一边劝导他们放弃没有缘分的感情，一边也尽职尽责帮助他们用正确的方式跟女孩沟通交流。结果劝导很少奏效，倒是偶尔有那么几次，女孩态度松动然后再反悔的做法却让这些男士的决心很快发生了逆转，并且放弃时他们说出的话都惊人一致："唉，不想再追了，觉得这事和这人都特没劲……"

因此准确来说，"放鸽子"既可以让死缠烂打的男人不再纠缠自己，同时也能帮助他们走出情感陷阱、心理误区，于己于人都是善事一桩，姑娘们就问心无愧地使用吧。

总结一下：面对一个偏执的男人，想要改变他很难，比如让他相信你不喜欢他；但是，女孩调整自己的行为很容易，比如让自己从他喜欢的女孩变成不喜欢的女孩。这就是"放鸽子"方法的道理所在。

有些女孩可能会担心这个男人会不会到处说自己不讲信用，诋毁自己的名誉。其实这种顾虑大可不必，因为被放鸽子对男人而言是一件很丢面子的事，他们最多和自己的好哥们发发牢骚，不会到外面大肆宣扬。